MONNAIES

DES

PAPES

MONNAIES

DES

PAPES

VENTE AUX ENCHÈRES PUBLIQUES

A PARIS, HÔTEL DES COMMISSAIRES-PRISEURS, RUE DROUOT, 9

SALLE N° 9, AU PREMIER ÉTAGE

Les Lundi 15 et Mardi 16 Juin 1914

A DEUX HEURES PRÉCISES

EXPOSITION PUBLIQUE : Le Dimanche 14 Juin, de 2 h. à 6 heures et chaque jour une demi-heure avant la vente

---

COMMISSAIRE-PRISEUR :
Me EMILE BOUDIN
14, Rue de la Grange-Batelière

EXPERT :
M. ETIENNE BOURGEY
7, Rue Drouot, 7

PARIS

ADRESSE TÉLÉGR. ÉTIENBOURG-PARIS

Exposition particulière :

Du 8 au 13 juin 1914, chez M. Etienne BOURGEY, expert, 7, rue Drouot. (Téléphone 274-64).

Exposition publique :

Le Dimanche 14 Juin 1914, de 2 heures à 6 heures, et les 15 et 16, une demi-heure avant la vente, Hôtel des Ventes, Salle 9.

La vente aura lieu au comptant.

Les acquéreurs paieront dix pour cent en sus des enchères.

L'authenticité des pièces est garantie.

M. Etienne BOURGEY, 7, rue Drouot, se charge d'exécuter les commissions qui lui seront confiées.

L'ordre du catalogue sera suivi ou non. L'expert se réserve le droit de diviser ou réunir les lots.

MONNAIES DES PAPES [1]

Adrien I

772-795

1 HADRIANVS. P. P. Buste de face entre I—B. ℟. VICTORIA DNN. Croix sur 2 degrés entre R—M; à l'exergue, CONOB (C. 2 varié. — S. 1 et 2 var.). Denier. Arg. TB. et très rare. *Pl. I.*

Exemplaire de la collection Regnault.

Léon III

et Charlemagne. 801-814

2 + SCS PETRVS. Dans le champ LEO PA en monogramme. ℟. + CARLVS. Dans le champ IMP en monogr.; dessous, 2 points (C. 1. — S. 7). Denier. Arg. Très beau et très rare. *Pl. I.*

Grégoire IV

et Louis le Débonnaire. 828-840

3 + SCS PETRVS. Dans le champ, PP GRE II en 3 lignes. ℟. PLVDOVVICVS HPP. Dans le champ PIVS en monogr (C. 1. — S. 8). Denier. Arg. TB. Rare. *Pl. I.*

Collection Franchini.

Serge II

et Lothaire I. 844-847

4 + SCS PETRVS. Dans le champ SEP P et 4 points. ℟. HLOTHARIVS MP. Dans le champ PIVS en monogr. (C. 2. — S. 1). Denier. Arg. TB. Très rare. *Pl. I.*

Collection Rossi.

(1) Les numéros entre parenthèses se rapportent aux ouvrages de Cinagli. (C) *Le Monete de' Papi.* — Du commandeur Serafini (S). *Le Monete pontificie del medagliere Vaticano.* — De Poey d'Avant (PA). *Monnaies féodales.* Tome III (pour Avignon).

Léon IV

et Lothaire I. 847-855

5 + .SCS. PETRVS Dans le champ LO PA en monogr. ℟. + HLOTHARIVS. Dans le champ IMP en monogr. et 4 points (C. 1. — S. 1). Denier. Arg. TB. *Pl. I.*

Collection Dassy.

Benoît III

et Lothaire I. 855

6 + ⁝· SCS PETRVS. Dans le champ BENT. PA en monogr. ℟. ˙ HLOTHARIVS. Dans le champ IMP en monogr. (C. 1. — S. 1). Denier. Arg. B. ébréché. *Pl. I.*

Collection Rossi.

Nicolas I

et Louis II. 858-867

7 + SCS PETRVS. Dans le champ NICOLAVS en monogr. ℟. + LVDOVVICVS MP. Dans le champ ROMA en monogr. (C. 1. — S. 1). Denier. Arg. TB. Rare. *Pl I.*

Collection Rossi.

Adrien II

et Louis II. 867-872

8 + SCS PETRVS. Dans le champ ADR en monogr. ℟. + LVDOVVICVS IP. Dans le champ ROMA en monogr. (C. 1. — S. 2). Denier. Arg. TB. Très rare. *Pl. I.*

Collection Rossi.

Jean VIII

et Charles le Gros. 881-882

9 + KAROLVS MP. Dans le champ IOHANS en monogr. ℟. SCS PETRVS. Buste du saint de face (C. 8. — S. 6). Denier. Arg. TB.

Collection Dassy. *Pl. I.*

Marin I

et Charles le Gros. 882-884

10 + MARINI. PP. Dans le champ ROMA en monogr. ℟. + SCS PETRVS Dans le champ KROLS en monogr. (C. 2. — S. 1). Denier. Arg. AB. Très rare.

Etienne VI

et Charles le Gros. 885-888

11 + SCS PETRVS. Dans le champ STEPH en monogr. ℟. + CAROLVS MP. Dans le champ ROMA en monogr. (C. 1. — S. 4). Denier. Arg. TB. *Pl. I.*

Collection Franchini.

Formose

et Gui de Spolète. 891-894

12 FORMOSI P. Buste de St Pierre de face entre S—P. ℟. + VVIDO MP • : • Dans le champ ROMA en monogr. (C. 2. — S. 5). Denier. Arg. TB. Très rare. *Pl. I.*

Collection Regnault.

Etienne VI

et Arnolphe. 896

13 + SCS PETRVS. Dans le champ STEPHAN en monogr. ℟. + ARNOLFVS MP. Dans le champ ROMA en monogr. (C. 2. — S. 4). Denier. Arg. TB. *Pl. I.*

Romain I

et Lambert. 897

14 + SCS PETRVS. Dans le champ ROMANVS en monogr. ℟. + LAMVERTO MP. Dans le champ ROMA en monogr. (C. 1. — S. 1). Denier. Arg. TB. Très rare. *Pl. I.*

Collection Rossi.

Théodore II

et Lambert. 897

15 SCS PETRVS. Dans le champ THEODR en monogr. ℟. + LAMVERTO MP. Dans le champ ROMA en monogr. (C. 1. — S. 1.) Denier. Arg. Très beau. Extrêmement rare. *Pl. I.*

Collection Rossi.

Jean IX

et Lambert. 898-900

16 + LANTVERT MP. Dans le champ IOHANS en monogr. ℟. SCS PETRVS Buste de St Pierre de face (C. 1. — S. 3). Denier. Arg. TB.

Collection Rossi. *Pl. I.*

Benoît IV

et Louis III. 901-903

17 + SCS PETRVS Dans le champ BENDTS en monogr. ℟. + LVVDOICVS MP. Dans le champ ROMA en monogr. (C. 2. — S. 3). Denier. Arg. Très rare et beau denier. *Pl. I.*

Collection Dassy.

Serge III

905-911

18 SER + GI PP. Buste de face. ℟. + SCS PETRVS Dans le champ ROMA en 2 lignes (C. 1 var. — S. 2). Denier. Arg. Très beau et très rare. *Pl. I.*

Collection Morel-Fatio.

Jean X

et Béranger I. 915-924

19 IOH S PETRS. Buste de face. ℟. + BERNEGARIV MP. Dans le champ + ROMA cruciforme (C. 1. — S. 1). Denier. Arg. Très beau. Rare.
Collection Franchini. *Pl. I.*

Léon VIII

963-965

20 .DN. .LEONI. PAPE en 3 lignes séparées par 2 barres. ℟. SCS PETRVS Buste de St Pierre de face (C. 3. — S. manque). Denier. Arg. Très beau et très rare. *Pl. I.*
Collection Rossi.

Benoît VI

et Othon II. 973-974

21 + BENE PAP. Son buste de face. ℟. + SCS PETR OTTO. Dans le champ RO MA en 2 lignes séparées par un trait (C. 2. — S. manque). Denier. Arg. TB. Extrêmement rare. *Pl. I.*

Benoît VII

et Othon II. 974-983

22 + SCS PETRVS AP. Dans le champ BENED en monogr. cruciforme. ℟. + OTTO IMPE ROMA. Temple surmonté d'une étoile. (C. 1 var. — S. 1). Denier. Arg. B. et très rare. *Pl I.*

Serge IV

1009-1012

23 + SALVS PATRIE. Dans le champ SERG en monogr. ℟. + SCS PETRVS. Dans le champ ROMA en monogr. (C. 1. — S. manque). Denier. Arg. TB. Très rare. *Pl. I.*
Collection Morel-Fatio.

Benoît VIII

1012-1024

24 + BENEDICT PP. Dans le champ OTTO cruciforme. ℟. + SCS PETRVS. Dans le champ ROMA cruciforme (manque à C. et à S.). Denier. Arg. TB. et très rare. *Pl. I.*
Collection Dassy.

Pascal II

1099-1118

25 + PASCHALIS PP Dans le champ II. ℟. Même lég. rétrograde. Dans le champ II (C. 1. — S. 1). Obole. Arg. TB. Rare. *Pl. I.*

Le Sénat de Rome

1184-1439

(*Emissions de* 1350-1439)

26 S. PETRVS. SENATOR. VRBIS. Saint Pierre remettant une bannière à un sénateur agenouillé. ℟. ROMA. CAPVT. MVNDI. S. P. Q. R. Le Christ bénissant et entouré d'étoiles dans une ellipse (C. 2. — S. 441). Ducat. Or. Très beau. *Pl. I.*

Charles d'Anjou

Sénateur. 1278-1285

27 + CAROLVS : REX. SENATOR. VRBIS. Lion passant à g. sous un lis. ℟. + : ROMA. CAPVD MVNDI : S : P : Q : R : Rome couronnée assise de face (C. 20. — S. 80 var.). Grosso rinforzato. Arg. TB.

Collection Morel-Fatio. *Pl. I.*

Anonymes pontificales

Fin XIIIe et commencement XIVe

28 *Viterbe.* + SANCTVS PETRVS. Tête de saint Pierre de face, occupant le champ. ℟. + SANCTVS PETRVS. Croisette entre 2 clefs (C. p. 33. 4. à Grégoire XI. — S. p. 65. 3). Grosso paparino. Arg. TB.

Collection Rossi. Attribué à Benoît XIII. *Pl. I.*

Boniface VIII

Benoît Caetani. 1294-1303

29 *Pont-sur-Sorgue.* + DOMINI : BO : PAPE. Son buste de face tenant une clef. ℟. + COITAT' : VENAVSIN. Croix cantonnée d'un B au 2 (C. 1 var. — S. 1. — PA. 4136). Gros. Arg. B. Très rare.

Clément V

Bertrand de Goth. 1305-1314

30 *Pont-sur-Sorgue.* CLEMENS : PAPA : QVINTVS. Son buste de face. ℟. + AGIM : TIBI : GRA : OMNIPOTENS DE. En 2e lég. 2 clefs COMIT : VENASINI. Croix (C. 1. — S. 1. — PA. 4137). Gros. Arg. TB. *Pl. II.*

Jean XXII

Jacques d'Euse. 1316-1334

31 *Pont-sur-Sorgue.* IOHES : PAPA : XXII COMES : VENASINI. Le pape assis de face. ℟. + AGIM : TIBI : GRA : OMNIPOTENS DEVS. Croix fleuronnée (C. 4. — S. 1. — PA. 4141). Carlin. Arg. *Pl. I.*

32 PP. IOHANNES. Le pape assis de face. ℟. + SALVE. SCA. CRVX. Croix (C. 5. — S. 7. — PA. 4143). Gros. Arg. B. Rare. *Pl. II.*

33 *Rome*. +. PP. IOHANNES. Croix. ℞. + VICESIMV. SEC. Dans le champ VD.S (C. 7. — S. 11). Picciolo. Bill. TB. Donné par certains auteurs à l'atelier de Carpentras.

34 *Parme*. +. PP. IOHES. XXII Buste du pape de face. ℞. +. S. ECCLIE. ROE. Deux clefs en sautoir (C. 14. — S. 17). Denier. Bill. B.

Benoît XII

Jean Fournier. 1334-1342

35 *Macerata*. BENEDITVS. Le pape assis de face. ℞. +. PP DVODECIMO. Croix (C. 2. — S. 6). Gros Arg. TB. Rare. *Pl. II*.

Clément VI

Pierre Roger. 1342-1352

36 *Pont-sur-Sorgue*. CLEMES. PP. SEXT (deux clefs). Son buste de face dans un entourage de 13 croisettes. ℞. + AGIMVS : TIBI : GRAS : ONIPOTE : DEV. En 2e lég. + COMES. VENESI (2 clefs). Croix (C. 1. S. 3. — PA. 4151). Carlin. Arg. TB. *Pl. II*.

Collection Rossi.

Innocent VI

Etienne Aubert. 1352-1362

37 *Avignon*. .INNOCEN. PP. SEXTVS. Le pape assis de face. ℞. +. SANTVS PETRVS. Croix divisant la légende, cantonnée de clefs en sautoir (C. 3. — S. 2. — PA. 4160). Demi-gros. Arg. AB.

Urbain V

Grimoard de Grisac. 1362-1370

38 *Rome*. Buste de face. ℞. V. R. B. I. cruciforme (C. 10. — S. 2). Bolognino. *Bologne*. Même type. ℞. A entre 4 points (C. 8. — S. 22). Bolognino. Arg. — Ens. 2 p. B.

39 *Avignon*. S. IOHANNES. B (mitre). Saint Jean-Baptiste debout. ℞. (Deux clefs) SANT. PETRH. Lis épanoui (C. 1 à Jean XXII. — S. 24). Florin. Or. TB. *Pl II*.

40 VRBANVS : PP : QVNTVS. Le pape assis de face. ℞. + (2 clefs) SANCTVS (2 clefs) PETRVS (2 clefs). Dans le champ, 2 clefs (C. 3. — S. 28. — PA. 4170). Carlin. Arg. TB.

41 VRBAN. PP. QVNTS. Le pape assis. ℞. + : SANCTVS (clefs) : PETRVS (clefs) : Croix cantonnée de clefs en sautoir (C. 5. — S. 31. — PA. manque). Demi-carlin. Arg. B.

42 Clefs). VRBANVS : QVNTVS. Une mitre; dessous, V et PP. ℞. + : SANCTVS : PETRVS : Croix cantonnée de 2 mitres et de clefs en sautoir (C. 6. — S. 34. — PA. 4173). Double denier. Bill. TB.

Grégoire XI

Pierre Roger. 1370-1378

43 *Bologne*. + GRE. GO. RIVS. Dans le champ P. A. P. A. cruciforme. ℟. .BO. NO. NI. Dans le champ A entre 4 globules (C. 14. — S. 73). Picciolo. Bill. B.

44 *Avignon*. ∘ GREGORV :: PP : VNDEC'. Le pape assis de face. ℟. + (clefs) : SANCTVS (clefs) : PETRVS : (clefs) : Dans le champ, les clefs en sautoir (C. 2. — S. 75. — PA. 4183). Carlin. Arg. TB. *Pl. II.*

Anonyme attribuée à Grégoire XI

45 *Rome*. S. PETRVS. P. Buste du pape de face. ℟. Croix entre 2 rosettes. DE. ROMA. Dans le champ V. R. B. I. cruciforme (C. 11. — S. p. 83. 67). Bolognino. Arg. B.

Urbain VI

Barthélemy Prignano. 1378-1389

46 *Viterbe?* + : VRB' PP. SESTVS. Croix. ℟. + S. PETRVS. E. PAVL Deux clefs en pal (C. manque. — S. 3). Picciolo. Bill. TB. Très rare.

Siège vacant

1378

47 *Avignon* (clefs) : SEDE : VACANTE : Mitre. ℟. + : SANCTVS : PETRVS : Croix cantonnée de mitres et de clefs (C. 1 à l'année 1370. — S. 1. — P. A. 4179). Double denier. Bill. ébréché.

Clément VII (Antipape)

Robert de Genève. 1378-1394

48 *Avignon*. + CLEMENS : PP : SEPTNIS. Tiare accostée des 2 clefs. ℟. + SANCTVS : PETRVS : ET : PAVLS. Les deux clefs en sautoir (C. 1. — S. 1 var. — PA. 4197 var.). Ducat. Or. TB. Rare. *Pl. II.*

49 CLEMENS : PP : SETIVS. L'antipape assis de face. ℟. + (clefs): SANCTVS (clefs): PETRVS (clefs). Deux clefs en sautoir (C. 4. — S. 2. — PA. 4200). Carlin. Arg. TB. *Pl. II.*

Boniface IX

Pierre Tomacelli. 1389-1404

50 *Rome*. : BONIFAT :: PP : NONVS : Le pape assis de face. ℟. + SANCTVS: (clefs) PETRVS (clefs). Les 2 clefs en sautoir (C. 2. — S. 2). Gros. Arg. TB. Rare. Donné également à Avignon. *Pl II.*

Collection Morel-Fatio.

51 *Marche d'Ancône*. B' : PP : NONVS. Buste du pape de face. ℟. + MARCHIO. Dans le champ **A** entre 4 globules (C. 9. — S. 33). Bolognino. Arg. TB. *Pl. II*.
Collection Morel Fatio.

52 *Fermo*. +. B'. PP. NONVS. Tiare. ℟. + VB. FIRMO. Croix (C. 11. — S. manque). Quattrino. Bill. TB. Rare.

Anonymes de la 2e moitié du XIVe siècle.

53 *Bologne*. + .BONONIA. DOCET. Lion rampant tenant une bannière. ℟. S. PETRVS. APOSTOLVS. Saint Pierre debout, tenant les clefs et un livre; dans le champ, une étoile (C. p. 35. 2 à Urbain VI. — S. p. 91. 41). Bolognino d'or. B. *Pl. II*.

54 — La même pièce variée, la queue manque au lion (semble avoir été effacée sur le coin et non sur la pièce). (Manque à C. et à S.) Bolognino d'or. TB. *Pl. II*.

Benoit XIII (Antipape)

Pierre de Luna. 1394-1417

55 *Avignon*. + BENEDITVS. PP. TREDECIMS. Les deux clefs en sautoir; au-dessus, croissant renversé. ℟. + SANTVS. PETRVS. ET. PAVLVS. La tiare (C. manque. — S. 1 var.). Ducat. Or. TB. Extrêmement rare. *Pl. II*.

56 BENEDET. PP. TRDEM. L'antipape assis de face. ℟. + SANTVS. PETRVS. ET PAVLVS. Les 2 clefs en sautoir (C. 2. — S. 4 var. — PA. 4217). Carlin. Arg. B. *Pl. II*.

Innocent VII

Cosme Migliorati. 1404-1406

57 *Rome*. INNOCENTIVS : PP : VII : · Le pape assis de face. ℟. +. SANCTVS : (clefs) : PETRVS (tête). Deux clefs en sautoir; au-dessus, une étoile (C. 2. — S. 1. — PA. 4219 var.). Gros. Arg. B. Très rare.
Collection Morel Fatio. *Pl. II*.
Cette pièce au type avignonais n'a pu être frappée qu'à Rome.

Grégoire XII

Ange Correr. 1406-1415

58 *Avignon*. GREGORIVS : PP : XII Le pape assis de face. ℟. +. SANCTVS : (clefs) : PETRVS (tête). Deux clefs en sautoir (C. 1. — S. 2. — PA. 4221). Carlin. Arg. TB. *Pl. II*.
Collection Rossi.

59 — Variété de coin, sans la tête après PETRVS (C. 2. — S. 6. — PA. 4220). Carlin. Arg. TB. *Pl. II*.
Collection Rossi.

Alexandre V (Antipape)

Pierre Filargo. 1409-1410

60 *Tagliacozzo.* ALEXADR. PP. V. Son buste de face. ℟. +. TALIACOZO. Dans le champ T. A. L. C. cruciforme (C. 2 — S. 1). Bolognino. Arg. B. Extrêmement rare. *Pl. II.*

Collection Rossi.

Jean XXIII (Antipape)

Balthazar Cossa. 1410-1415

61 *Bologne.* IOHES. VIGEXIMVS : TERCIVS. Ecu à ses armes, timbré de la tiare. ℟. S. PETRVS. APOSTOLVS. Saint Pierre debout (C. 2. — S. 8). Ducat. Or. TB. Rare. *Pl. II.*

Collection Regnault.

62 S. PETRONIVS. Le saint de face. ℟. DE. BONONIA. 2 clefs (C. 9. à Innocent VI. — S. 30). Quattrino. Bill. AB.

63 *Avignon.* (clefs) : IOHES : PP : VICESMVS : III : Mitre; au bas PP. ℟. + : SANCTVS : PETRVS : Croix cantonnée d'une mitre et de clefs (C. 11 varié. — S. 32. — PA. manque). Double denier. Bill. AB.

Siège vacant

1415-1417

64 *Avignon.* SEDE : VACANTE. Un pape assis de face. ℟. + : SANCTVS : PETRVS : ET : PAVLVS : Deux clefs en sautoir (C. 2. — S. 2. — PA. 4236). Carlin. Arg. TB. *Pl. II.*

Martin V

Othon Colonna. 1417-1431

65 *Ascoli.* MARTINV' PA. Dans le champ A sous une colonne. ℟. (Châtel) S. EMMID' D. ES. Dans le champ C. V. L. O. cruciforme (C. 26. — S. 63). Bolognino. Arg. TB.

66 *Fermo.* M. PAPA. QVI. Dans le champ N. T. V. S. ℟. A entre 4 annelets (C. 22. — S. 73). Bolognino. — SANTVS. SAV. Dans le champ I. N. V. S. ℟. Le précédent (C. 23. — S. 76). Demi-bolognino. Arg. — Ens. 2 p. TB.

67 *Avignon.* MARTINVS : PP. QVINTVS. Son écu sommé de la tiare. ℟. + : SANTVS : PETRVS : ET : PAVLVS : Les deux clefs en sautoir (C. 1. — S. 83. — PA. 4238). Ducat. Or. B. Rare. *Pl. II.*

68 MARTINVS PP. QVINTVS. Le pape assis de face. ℟. + : SANTVS : PETRVS : ET : PAVLVS : Deux clefs en sautoir sous une colonne (C. 15. — S. 85. — PA. 4240). Carlin. Arg. TB. *Pl. II.*

Anonyme attribuée à Martin V

69 *Bologne* (2 clefs entre 2 rosaces) BO ◦ NO ◦ NI. Dans le champ **A** entre 4 annelets. ℞. (écu du cardinal Condulmerio) MATER ◦ STVDI Dans le champ O R V M en croix (C. 5 à Innocent VI. — S. 80). Bolognino. Arg. TB.

Eugène IV

Gabriel Condulmerio. 1431-1447

70 *Rome.* ✠. EVGENIVS. PP. QVARTVS. Son écu sous la tiare et les deux clefs dans un quadrilobe en ellipse. ℞. ✠. S. PETRVS. ALMA. ROMA. Saint Pierre debout dans un même quadrilobe (C. 2. — S. 1). Ducat. Or. Très beau. *Pl. III.*

Collection Franchini.

71 ✠. EVGENIVS. PP. QVRTVS. ✠. Mêmes armes. ℞. ✠ : S. PETRVS. S. PAVLVS. ALMA. ROMA. Les 2 saints debout (C. 15. — S. manque). Gros. Arg. Très beau. *Pl. II.*

72 *Ascoli.* (clefs) EVGENIV'. PAP. Dans le champ **A** entre 4 annelets. ℞. S. EMMID'. DES. Dans le champ C. V. L. O. cruciforme (C. 31. — S. 41). Bolognino. Arg. TB.

73 *Fermo.* (clefs). RVG. (sic) PP. QVA. Dans le champ R. T. V. S. cruciforme. ℞. (clefs). VB. FIRMAN. Dans le champ **A** entre 4 annelets (C. 35. — S. 47). Bolognino. Arg. TB.

74 *Bologne.* (tiare) EVGENIVS. PAPA. QVARTVS. Clefs en sautoir sous un écu. ℞. S. PETRONIV. DE. BONONIA. Le saint assis de face, tenant la représentation de la cité (C. manque. — S. 52). Gros. Arg. TB. Très rare. *Pl. III.*

75 *Avignon.* EVGENIVS. PP. CARTVS. Le pape assis de face. ℞. ✠ : SANTVS : PETRVS : ET : PAVLVS : Deux clefs en sautoir sous un écu (C. 18. — S. 52. — PA. 4246). Carlin. Arg. TB. *Pl. III.*

Nicolas V

Thomas Parentucelli 1447-1455

76 *Rome.* ✠ NICOLAVS. PP. QVINTVS. Ecu aux deux clefs, timbré de la tiare dans un quadrilobe en ellipse. ℞. ✠. S. PETRVS. ALMA. ROMA. Saint Pierre debout dans un même quadrilobe (C. 1. — S. 3). Ducat. Or. TB. *Pl. III.*

77 . ✠ N. PP. V. ANNO. IVBILEI. Y. Mêmes armes. ℞. S. PETRVS. S. PAVLVS. ALMA. ROMA. Les 2 saints debout (C. 7. — S. 17). Gros. Arg. TB. *Pl. III.*

78 *Avignon.* NICOLAVS : PP : QVINTVS Le pape assis de face. ℞. ✠ : SANTVS. PETRVS : Croix coupant la lég. et cantonnée de clefs en sautoir (C. 9. — S. 45. — PA. 4249). Carlin. Arg. B. *Pl. III.*

Calixte III

Alphonse Borgia. 1455-1458

79 *Rome.* + CALISTVS.. PP. TERTIVS. Son écu sous la tiare et les clefs dans un quadrilobe en ellipse. ℟. MODICE FIERI QVARE DVBITATIS. Saint Pierre à dr. dans la nacelle, tenant une rame et la croix (C. 2. — S. 3). Ducat. Or. TB. Rare. *Pl. III.*

80 + CALISTVS (rosette). PP. TERTIVS. Mêmes armes. ℟. + S. PETRVS.. ALMA ROMA Saint Pierre debout dans un quadrilobe en ellipse (C. 1. — S. 6). Ducat. Or. TB. Rare. *Pl. III.*

81 .+ CALISTVS (fleuron).. PP. TERTIVS. Mêmes armes. ℟. + MODICE : FIDEI. QVARE. DVBITATIS (fleuron). Grande croix dans la barque que saint Pierre dirige à dr. (C. 6. — S. 13). Arg. TB.

82 + CALISTVS.. PP. TERTVS. Mêmes armes. ℟. + MODICE. FIDEI. QVARE. DVBITATIS. Même revers (C. 3. — S. 17). Gros. Arg. TB. *Pl. III.*

83 . + CALISTVS (fleuron). PP. TERTIVS. Mêmes armes. ℟. S. PETRVS. S. PAVLVS. ALMA, ROMA. Saint Pierre et saint Paul debout (C. 9. — S. 21 var.). Gros. Arg. TB. *Pl. III.*
Collection Morel Fatio.

84 CALISTVS. PP. TERTIVS. Bœuf à g. ℟. ROMA. CAPVT. MVNDI. Croix (C. 13 — S. 33). Picciolo. Cuivre. TB.
Collection Morel Fatio.

85 *Foligno* (lis) CALISTVS. PP. III. Deux clefs en sautoir. ℟. (lis). DE. FVLGINEO. Croix fleuronnée (C. 17. — S. 39). Picciolo. Cuivre. TB.

86 *Avignon.* CALIXTVS : PP : TERCIVS : Le pape assis de face. ℟. + : SANTVS PETRVS. Croix coupant la lég. et cantonnée de clefs en sautoir (C. manque. — S. 42. — PA. 4253). Carlin. Arg. TB. Rare. *Pl. III.*

Pie II

Enea Silvio Piccolomini. 1458-1464

87 *Rome.* +. PIVS. PAPA. SECVNDVS. AD. Son écu sous la tiare et les clefs dans un quadrilobe en ellipse. ℟. + S. PETRVS. AD. ALMA. ROMA. Saint Pierre debout dans un même quadrilobe (C. 2. — S. 5). Ducat. Or. TB. *Pl. III.*

88 PIVS. PAPA. SECVNDVS. Mêmes armes. ℟. S. PETRVS. S. PAVLVS. Les 2 saints debout; au bas, un petit écu (C. 7. — S. 19). Gros. Arg. TB. *Pl. III.*

89 .+ PIVS etc. Mêmes armes. ℟. — S. PETRVS. etc. Même revers; au bas, le monogr. AN (C. 8. — S. 20). Gros. Arg. TB.

90 .PIVS. PP. SECV. Buste du pape de face. ℞. S PETRV'. S. PAVLV'. Dans le champ V. R. B. I. cruciforme (C. p. 449. 33. — S. 57). Bolognino. Arg. B.

91 *Spolète*. PII. PP. II. PON. A. III. Champ à ses armes. ℞. ·:· PROVINCIE DVCA. Clefs en sautoir (C. 35 var. — S. 81 var.). Picciolo. Bill. TB.

Paul II

Pierre Barbo. 1464-1471

92 *Rome*. PAVLVS. II.. PONT. AN. I. Son écu sous la tiare et les deux clefs dans un quadrilobe en ellipse. ℞. S. PETRV. APOSTOLVS. Saint Pierre debout à g. remettant les clefs au pape à genoux (C 10. — S. 8). Ducat. Or. TB. *Pl. III.*

93 .PAVLVS. PP (2 rosettes) SECVNDVS. Mêmes armes. ℞. S. PETRVS. S. PAVLVS. Les deux apôtres debout; au bas. ROMA. (C. 12. — S. 10). Ducat. Or. *Pl. III.*

94 *Rome*. PAVLVS. PP (2 annelets entre 2 fleurons) SECVNDVS. Ses armes dans un quadrilobe en ellipse. ℞. S. PAVLVS. S. PETRVS. .ROMA. Les 2 saints debout (C. 17. — S. 17). Gros. Arg. TB.

95 PAVLVS. PP. SECVNDVS. Mêmes armes. ℞. S. PETRVS. S. PAVLVS. Les 2 saints debout (C. 30. — S. 37). Grossetto. Arg. TB.

96 .PAVLVS. PAPA. II. Ecu rond sous la tiare et les clefs. ℞. ALMA. ROMA. La barque de St Pierre à g. (C. 49. — S. 38). Bolognino. Arg. TB.

97 Même lég. Buste de face (C. 45 var. — S. 49 var.). Bolognino. Arg. B. ébréché. *Spolète*. Même lég. Armes. ℞. + DVCAT' SPOLETANI. La barque à g. (C. 51 var. — S. 99). Bolognino. Arg. TB. — PAVLV'. PAPA. II. Armes. ℞. Croix (C. 75 var. — S. 112 var.) Picciolo. Bill. TB. *Ancône*. Armes. ℞. MARCHIA ANCNE. Le pape assis (C. 55 var. — S. 121). Bolognino. Arg. B. troué. — Ens. 4 p.

98 *Bologne*. .BONONIA DOCET. Lion à g. tenant une bannière; dans le champ, un monogramme. ℞. S. PETRVS. APOSTOLVS. Saint Pierre debout entre les armes du pape et celles du cardinal Capranica (C. 15. — S. 168). Bolognino d'or. TB. *Pl. III.*

Sixte IV

François della Rovère. 1471-1484

99 *Rome*. SIXTVS. PP. (2 rosaces). QVARTVS. Son écu sous la tiare et les clefs, dans un quadrilobe en ellipse. ℞. SANCTVS. PETRVS. ALMA. ROMA. Saint Pierre dans une nacelle à g., jetant ses filets (C. 3. — S. 6). Ducat. Or. TB. *Pl. III.*

100 .SIXTVS. IIII. PONT. MAX. VRBE. REST. Son buste à g. ℞. PVBLICAE.. VTILITATI. Armes dans un quadrilobe en ellipse (C. 6. — S. 15), Gros. Arg. TB. *Pl. III.*

101 .SIXTVS. PP. IIII. AN. IVBILEI : Mêmes armes. ℞. Les 2 saints debout (C. 12. — S. 25). Gros. Arg. TB. — Le précédent avec SIXTVS. PP. QVARTVS. (C. 17. — S. 31). Gros. Arg. TB. percé. — SIXTVS. PAPA. IIII. Buste de face. ℞. V. R. BI. dans le champ (C. 26. — S. 49). Bolognino. Arg. TB. *Viterbe.* SIXTVS. PP. IIII. Armes. ℞. St Laurent debout (C. 49. — S. 91). Quattrino. Bill. AB. — Ens. 4 p.

Innocent VIII

Jean-Baptiste Cibo. 1484-1492

102 *Rome.* INNOCENTIVS. PP. VIII. Son écu sous la tiare et les clefs dans un quadrilobe en ellipse. ℞. .SANCTVS. PETRVS.. ALMA. ROMA. La barque du Pêcheur à g. (C. 3. — S. 2). Florin. Or. B. *Pl. III.*

103 Même droit. ℞. S. PAVLVS. S. PETRVS. ROMA. Les 2 saints debout (C. 8. — S. 9). Gros. Arg. B.

104 *Marche d'Ancône.* .INNOCENTIV. PP. VIII. Armes papales. ℞. S. PETRVS ·:· MARCHIA. La barque du Pêcheur à g. (C. 14. — S. 36). Bolognino. Arg. *Pl. III.*

Collection Morel Fatio.

105 *Macerata.* .INNOCENTIVS. PP. VIII. Mêmes armes. ℞. SANCTVS. PETRVS. MACERATA ·:· (monogramme). Même type de la barque du Pêcheur (C. manque. — S. 45). Florin. Or. TB. Rare. *Pl. III.*

106 Même droit. ℞. S. PAVLVS.. S.. PETRVS. MACE. Les 2 saints debout (C. 10. — S. 48). Gros. Arg. *Aquila.* Aigle éployé (C. 21. — S. 58). Cavallo. Cuivre. Ens. 2 p. TB.

Alexandre VI

Rodrigue Borgia. 1492-1503

107 *Rome.* .ALEXANDER. VI. .PONT.MAX. Son écu sous la tiare et les clefs dans un quadrilobe en ellipse. ℞. (rosace). SANCTVS.o. PETRVS.o. ALMA.o. ROMA.o. La barque du Pêcheur à g. (C. 1. — S. 1). Double ducat. Or. TB. *Pl. III.*

108 Mêmes types avec une rosace devant ALMA (C. 2 — S. 4). Ducat. Or. B. *Pl. III.*

109 .ALEXANDER. .VI. PONT. MAX. Mêmes armes. ℞. ACCIPE. CLAVES. REGNI. CELORVM. Le Christ remettant les clefs à saint Pierre à genoux (C. 11. — S. 10). Double gros. Arg. TB. *Pl. IV.*

Collection Regnault.

110 Même lég. et armes, l'écu varié. ℟. S. PAVLVS. S. PETRVS. ROMA. Les 2 saints debout (C. 13. — S. 13). Gros. Arg. TB.

111 *Marche d'Ancône.* ALEXANDER. PP. SEXTV. Mêmes armes. ℟. SANCTVS. PETRVS. (monogramme). MARCHIA. St Pierre dans la barque à g. (C. 6. — S. 27). Ducat. Or. TB. *Pl. III.*
Collection Rossi.

112 .ALEXANDER. VI. PONT. MAX. Mêmes armes. ℟ S. PAVLVS.. S. .PETRVS.. MARCI. Les deux saints debout (C. 18. — S. 31). Gros. Arg. TB.

113 Même lég. Armes dans une ellipse (C. 22. — S. 37). Bolognino. Arg. *Ascoli* (C. 28. — S. 44). Double quattrino. Cuivre. — Ens. 2 p. TB.

114 *Bologne.* .ALEXANDER. PP. VI. Armes dans une ellipse. ℟. S. PETRVS APOSTOLVS. Saint Pierre debout entre les écus du cardinal Sforza et de la ville (C. 9. — S. 60). Ducat. Or. TB. *Pl. IV.*

115 Même droit. ℟. BONONIA. DOCET St Pierre debout entre les écus de César Borgia et de la ville (C. p. 450. 42. — S. 61). Ducat. Or. TB. *Pl. IV.*

116 La même pièce d'un autre coin (C. p. 450. 42. — S. 62. Ducat. Or. TB. *Pl. IV.*

117 Même droit. ℟. Même lég. Saint Pierre debout entre les armes du cardinal Orsini et de la ville (C. 7. — S. 64). Ducat. Or. *Pl. IV.*
Collection Morel Fatio.

118 *Avignon.* Le pape assis de face. ℟. Croix coupant la légende et cantonnée de doubles clefs (C. 19. — S. 65. — PA. 4272). Carlin. Arg. Fruste.

Pie III

François Todeschini Piccolomini. 1503

119 *Rome.* (rosace) PIVS. PAPA (2 rosaces) TERTIVS (rosace). Ecu à ses armes sous la tiare et les clefs dans un quadrilobe en ellipse. ℟. SANCTVS. PETRVS. ALMA.. ROMA. La barque du Pêcheur à g. (C. 1. — S. 1). Ducat. Or. Légèrement fendu mais TB. De la plus grande rareté. *Pl. IV.*
Exemplaire de la collection Rossi.

Jules II

Julien della Rovère. 1503-1513

120 *Rome.* IVLIVS. II. LIGVR. .P. M. Son buste à dr. ℟. NAVIS. AETERNAE. SALVTIS. Saint Pierre et saint Paul dans la nacelle à g. (C. 1. — S. 1). Double ducat. Or. TB. Rare. *Pl. IV.*
Collection Rossi.

121 Même droit. ℞. .SANCTVS. PETRVS. ALMA. ROMA. Même type (C et S manque). Double ducat. Or. TB. Rare. *Pl. IV.*

122 (Rosette) IVLIVS. II. (2 rosettes) PONT. MAX (rosette). Son écu sous la tiare et les clefs dans un quadrilobe en ellipse. ℞. (Rosette). SANCTVS.o. PETRVS.o. ALMA.o. ROMA.o. La barque de saint Pierre à g. (C. 2. — S. 2). Double ducat. Or. TB. *Pl. IV.*

123 IVLIVS. II. PONT. MAX Ecu sur les clefs en sautoir, timbré de la tiare. ℞. o SANCTVS. PETRVS. ALMA. ROM. Saint Pierre et saint Paul dans la nacelle à g. (C. 4. — S. 7). Ducat. Or. TB. *Pl. IV.*

124 Variété avec S. PETRVS. ALMA. ROMA (C. 5. — S. manque). Ducat. Or. TB. *Pl. IV.*

125 IVLIVS. II. .PONT. MAX. Armes avec la tiare et les clefs. ℞. ·ALMA ROMA. St Paul et St Pierre debout (C. 21. — S. 17). Jules. Arg. — Même droit, l'écu en cœur. ℞. Les deux saints debout (C. 25. — S. 53). Jules. Arg. — St Pierre debout (C. 41. — S. 65). Demi jules. Arg. — Ens. 3 p. TB.

126 *Marche d'Ancône*. Même lég. Ecu échancré dans une ellipse. ℞. .S. PAVLVS. S. PETRVS. MARCI. St Paul et St Pierre debout (C. 31. — S. 149). Jules. Arg. TB. — Même droit. ℞. CLAVES. REGNI. CELORVM. MARC. Clefs en sautoir sous le pavillon (C. 45. — S. 152) Demi-jules. Arg. — Ens. 2 p. TB.

127 *Bologne*. IVLIVS. II. PONT. MAX Son écu avec la tiare et les clefs dans un quadrilobe en ellipse. ℞. S. PETRVS. DE. BONONIA. Saint Pierre debout (C. 6. — S. 188). Ducat. Or. TB. *Pl. IV.*

128 Même droit. ℞. BONONIA. DOCET. Saint Pierre debout entre les écus du cardinal Alidosio et de la ville (C. 9. — S. 194). Ducat. Or. TB. *Pl. IV.*

129 Même droit. ℞. BON. P. IVL. A. TIRANO. LIBERAT. Saint Pierre debout (C. 12. — S. 184). Ducat. Or. TB. Rare. *Pl. IV.*

130 *Avignon*. (soleil) IVLIVS :: PAPA : SECVNDVS : V : Ecu aux deux clefs timbré de la tiare, accosté d'un annelet et de l'écu du cardinal d'Amboise. ℞. + GEORGIVS : DE : AMBASIA : CAR : ET : LEGA : V : Croix terminée par un gland et des feuilles (C. 14 var. — S. 209 var. — PA. 4280). Ecu d'or au soleil. TB. *Pl. IV.*

Léon X

Jean de Médicis. 1513-1521

131 *Rome*. LEO. X. PONTIFEX. MAXIMVS. Son buste à g. ℞. LVX. VERA. IN. TENEBRIS. LVCET. Les trois rois mages à cheval à g., guidés par une étoile. A l'exergue. ROMA. et un trident (C. 1. — S. 1). Deux ducats et demi. Or. Très beau et très rare. *Pl. IV.*

Collection Regnault.

132 .LEO. X. .PONT. MAX. Son écu sous la tiare et les clefs. ℞. NAVIS. AETERNAE. SALVTIS. Saint Pierre et saint Paul dans la nacelle à g. (C. 2. — S. 2). Double ducat. Or. TB. Rare. *Pl. IV.*

Collection Regnault.

133 .LEO. PAPA. DECIMVS. Mêmes armes, mais dans un quadrilobe en ellipse. ℞. S. .P. S. .P. ROMA. ALMA. Saint Pierre et saint Paul debout: à l'exergue, un trident (C. 8. — S. 6). Ducat. Or. TB. *Pl. IV.*

134 .LEO. X. .PONT. MAX. Ecu de forme ovoïde sous la tiare et les clefs. ℞. SANCTVS. PETRVS. ALM.A. ROM. Saint Pierre et saint Paul dans la nacelle à g. (C. 5. — S. 8). Ducat. Or. TB. *Pl. IV.*

135 .LEO. PP. .DECIMVS. Même écu. ℞. Même revers avec ALMA. ROMA. (C. 7. — S. 11). Ducat. Or. *Pl. IV.*

Collection Regnault.

136 LEO : DECIMVS PONT. MAX. Basilique de St Pierre; au bas RO (lion) MA. ℞. PETRE. ECCE. TEMPLVM. TVVM. Le pape à genoux présentant le temple à St Pierre assis (C. 79 var. — S. 24). Jules. Arg. B.

137 LEO. X. PONT. M. S. P. S. P. Bustes des 2 saints au-dessus des armes papales. ℞. .VICIT. LEO. DE. TRIBV. IVDA. Lion à g., la patte sur un globe; au-dessus, une Victoire; à l'exergue ROMA. (C. 33. — S. 28). Jules. Arg. TB.

138 LEO. PAPA. DECIMVS. Ecu sous la tiare et les clefs. ℞. ALMA. ROMA. St Pierre et St Paul debout (C. 45. — S. 19). Jules. Arg. TB.

139 .LEO. PAPA. DECIMVS. Armes. ℞. .S. PETRVS. ALMA. ROMA. Buste de St Pierre de face (C. 90. — S. 48). Quart de jules. Arg. TB.

140 .LEO. DECIMVS. .PONT. .M. en 4 lignes. ℞. RO. ECCL. FVNDATORES. Têtes accolées de St Pierre et de St Paul à g. (C. 97. — S. 39). Demi-jules. Arg. TB.

141 .LEO. X. .P. MAX. Armes. ℞. S. PETRVS. APOSTOLVS. Buste de St Pierre de face (C. 95. — S. 60). Sixième de jules. Arg. B.

142 *Pérouse.* .LEO. PP. DECIMVS. Armes. ℞. + .AVGVSTA. PERVSIA. Griffon couronné à g. (C. 81. — S. 99). Demi-jules. Arg. TB. *Pl. IV.*

143 (Clefs) S. HERCVL. Dans le champ A. N. V. S. cruciforme. ℞. D. PERVSIA. Griffon à g. (C. 100. — S. 101). Sixième de jules. Arg. 2 p. B.

144 *Marche d'Ancône.* Basilique de St Pierre; au bas MARC. ℞. Le pape à genoux (C. 31. — S. 137 var.). Jules. Arg. troué. — Armes papales. ℞. St Pierre debout (C. 74. — S. 151). — Demi-jules. Arg. *Ancône.* Armes. ℞. Cavalier (C. 132. — S. manque). Quattrino. Cuivre. — Ens. 3 p. B.

145 *Pesaro*. .LEO (4 fleurons) DECIKAS. (en lég. extérieure). Armes dans une ellipse. ℟. AD. TE. PISARVM. Deux bergers à g. devant la crèche (C. 85 var. — S. variété de 178). Demi-jules. Arg. troué. AB. Rare.

146 LEO. PP. X. Armes. ℟. PISAVR en 3 lignes dans une couronne de laurier (C. 137 — S. 183). Quattrino. Cuivre. B.

147 *Ravenne*. LEO. X. PONT. M. Armes papales entre les écus de l'église de Ravenne et du cardinal Fieschi. ℟. S. APOLLINARIS. RAVENE. Buste à mi-corps du saint bénissant (C. 87. — S. 186). Demi-jules. Arg. Très beau. Rare. *Pl. V.*

148 *Bologne*. BONONIA. DOCET. Lion tenant la bannière. ℟. S. P. DE BONONIA. Saint Pierre debout entre les écus de Médicis et de la ville (C. 18. — S. 193). Ducat. Or. B. *Pl. V.*

149 .LEO. PAPA. DECIMVS. Son écu avec la tiare et les clefs dans un quadrilobe en ellipse. ℟. BONONIA. DOCET. Même type entre les mêmes écus (C. 21. — S. 189). Ducat. Or. TB. *Pl. V.*

150 LEO. X. PONTIFEX. MAXIMVS. Son buste à dr. ℟. BONONIA. MATER. STVDIORVM. Lion à g. portant une bannière; en haut à g. l'écu du cardinal de Médicis (C. 15. — S. 198). Blanc. Arg. TB. *Pl. IV.*

Siège vacant

Le cardinal Fr. Armellini, camerlingue, 1521

151 *Rome*. SEDE. VACANTE. Ecu d'Armellini sous le pavillon et les clefs. ℟. SANTVS. PETRVS. ALMA. ROMA. La barque de Saint-Pierre à g. (C. 1. — S. 1 var.). Ducat. Or. TB. et très rare. *Pl. V.*
Collection Rossi.

152 Même droit. ℟. S. PETRVS. S. PAVLVS. ROMA. Les deux saints debout (C. 2. — S. 6). Jules. Arg. TB. *Pl. V.*
Collection Regnault.

Adrien VI

Adrien Dedel d'Utrecht, 1522-1523

153 *Rome*. ADRIANVS. VI. PONT. MAX. Son écu sous la tiare et les clefs. ℟. SANCTVS. PETRVS. ALMA. ROM. La barque de Saint-Pierre (C. 1 varié. — S. 1 varié). Double ducat. Or. Très beau. Rare.
Collection Regnault. *Pl. V.*

154 .ADRIANVS. VI. PON. MAX. Mêmes armes. ℟. ✠ S. PETRVS. ALMA. ROMA. Même barque (C. 2. — S. 5). Ducat. Or. TB. *Pl. V.*

155 Même lég. Armes papales dans une ellipse. ℟. S. PAVLVS. +. S. PETRVS. ROMA. Les 2 saints debout (C. 8. — S. 6). Jules. Arg. TB. *Pl. V.*

156 Même droit. ℟. S. PETRVS. .APOSTOLVS. St Pierre debout sur les armes du cardinal Armellini (C. 18. — S. manque). Demi-jules. Arg. B.

157 *Marche d'Ancône.* .ADRIANVS. VI. PONT. MAX. Ses armes dans un quadrilobe en ellipse. ℟. S. PETRVS.o. S. PAVLVS. Saint Pierre et Saint Paul debout; à l'exergue MARC. (C. 3. — S. 9 var.). Ducat. Or. Très beau et très rare. *Pl. V.*

158 *Parme.* .HADRIANVS. SEXTVS. P. MX. Son buste nu à g. ℟. ·PARMAE·· DOMINVS. Armes papales (C. 15. — S. 18). Jules. Arg. TB. Rare. *Pl. V.*

159 SANCTVS. THOMAS. Buste du saint à dr. ℟. PARMEN. SERVATI. Autel (C. 27. — S. 29). Demi-jules. Arg. B.

Siège vacant

Le cardinal François Armellini, camerlingue, 1523.

160 *Rome.* ·SEDE·· VACANTE. Écu du cardinal sous le pavillon et les 2 clefs. ℟. S. PETRVS. (fleuron). S. PAVLVS. ROMA. Les 2 saints debout (C. 1. — S. manque). Jules. Arg. TB. Rare. *Pl. V.*

Collection Rossi.

161 Variété avec S. PAVLVS. ·S·· PETRVS. ROMA. (C. 2. — S. 1). Jules. Arg. B.

Collection Rossi.

162 *Plaisance.* FIRMVM. PLAC. PRAESIDIVM. Les 2 clefs sous la tiare. ℟. PLAC' ROMANOR' COLONIA. Louve à g. (C. 4 var. — S. 3.) Demi-jules. Arg. B.

Clément VII

Jules de Médicis. 1523-1534

163 *Rome.* ·CLEMEN. VII·· PONT. MAX. Son écu en cœur sous la tiare et les clefs. ℟. + SANC. PETRVS (monogr.) ALMA. ROMA. La barque de St Pierre à g. (C. 4. — S. 2). Double ducat. Or. Très beau. *Pl. V.*

164 ·CLEMENS. VII.. PONT. MAX. Même écu. ℟. Le précédent; à l'exergue, F sur un croissant (C. 7. — S. 6). Ducat. Or. Très beau. *Pl. V.*

165 — Variété avec CLEMEN. (C. 7 varié. — S. 8). Ducat. Or. TB. *Pl. V.*

166 ·CLEMENS. VII·· PONTIF. MAX. Armes papales. ℟. S. PA + S. PE. ALMA. ROMA. Buste des 2 saints en regard (C. 38. — S. 25). Double jules. Arg. TB. Rare. *Pl. VI.*

167 ·CLEMENS. VII·· PONT. MAX. Mêmes armes. ℟. S. PAVLVS. + .S. PETRVS. ROMA. Les 2 saints debout (C. 48. — S. 48). Jules. Arg. TB.

168 CLEMENS PAPA. VII. Mêmes armes. ℟. (clefs) FIAT PAX IN VIRTVTE TVA. Croix cantonnée de R. O. M. A. (C. 71. — S. 59). Gros. Arg. TB.

169 *Ancône*. .CLE. VII. .P. MAX. Mêmes armes. ℟. S. CYRIA ANCON. Buste de S[t]. Cyriaque au-dessus des armes du cardinal Accolti (C. 73. — S. 101). Gros. Arg. TB. — Cavalier à g. ℟. Le saint debout (C. p. 427, 10, à Léon X. — S. 127). Gros. AB. troué. — Ens. 2 p.

170 *Bologne*. ·CLEM. VII.. PONT. MAX. Son écu sous la tiare et les deux clefs. ℟. (soleil). BONONIA. (rosette). DOCET. Croix fleuronnée entre les écus du cardinal Cibo et de la ville (C. 19. — S. 170). Ecu d'or au soleil. TB. *Pl. V.*

Collection Regnault.

171 *Modène*. CLEMENS. VII. PONT. MAX. Son buste à g.; au bas, une feuillle. ℟. .S. GEM. MVTINEN. EPS. Saint Géminien assis de face ; sous ses pieds, les écus du cardinal Salviati et de la ville (C. 15. — S. 193). Ducat. Or. TB. Très rare. *Pl. V.*

Paul III

Alexandre Farnèse. 1534-1549

172 *Rome*. PAVLVS. III. PONT. MAX. Son buste à g. ℟. SANCTVS. PETRVS X ALMA. ROMA. Saint Pierre dans sa barque à g., jetant ses filets (C. 1. — S. 1). Double ducat. Or. Très beau et très rare. *Pl. V.*

Collection Regnault.

173 .PAVLVS.. III. PO. M. Son écu sous la tiare et les deux clefs. ℟. : SAN. PETRVS. ALMA. ROMA Saint Pierre dans sa barque à g. (C. 2. — S. 3). Ducat. Or. Très beau. *Pl. V.*

174 PAVLVS. III. PONT. MAX. Même écu. ℟. S. PAVLVS. VAS. ELECTIONIS. Saint Paul debout de face (C. 7. — S. 15). Ecu d'or. B. troué. *Pl. V.*

175 PAVLVS. III. PONT. MAX. Son buste à g. ; à l'exergue. AN. XII. ℟. TV AVTEM IDEM IPSE ES. Jésus disputant avec les 6 docteurs ; à l'exergue. ALMA. RO. et un différent (C. 30. argent. — S. 24. argent). Essai en or du teston ; poids 10 gr. 2. Très beau. De la plus grande rareté ; peut être unique. *Pl. VI.*

176 .PAVLVS. III.. PONT. MAX. Armes papales. ℟. S. PAVLVS. ALMA. ROMA. Le saint debout (C. 49. — S. 37). Jules. Arg. — Même type. (C. 77. — S. 83). Gros. Arg. — Ens. 2 p. TB.

177 *Ancône*. Armes. ℟. St Paul debout (C. 55. — S. 138). Jules. Arg. *Camerino*. Même type varié (C. 53. — S. 149). Jules. Arg. — S. ANSOVINVS. CA. Le saint debout (C. 136. — S. 156). Quattrino. Bill. — Ens. 3 p. TB.

178 *Fano.* S. PATERNIANI FANI. Le saint debout (C. 145. — S. 170). Quattrino. Bill. *Macerata.* St Paul debout (C. 59. — S. 201). Jules. Arg. — St Pierre debout (C. 138. — S. 237). Quattrino. Bill. — Ens. 3 p. TB.

179 *Bologne.* PAVLVS. III.. PONT. MAX. Son écu sous la tiare et les deux clefs. ℟. (soleil) BONONIA. (fleuron). DOCET. Croix fleuronnée entre les écus du cardinal Contarini et de la ville (C. 18. — S. 248). Ecu d'or au soleil. TB. *Pl. V.*

180 Même droit. ℟. Même lég. sans la rosette et même croix entre les armes du cardinal del Monte et de la ville (C. 20. — S. manque). Ecu d'or au soleil. TB. *Pl. V.*

181 *Plaisance.* PAV. III. P. M. PLAC. D. Son écu sous la tiare et les clefs. ℟. + NON. ALIVNDE. SALVS. Croix fleurdelisée cantonnée de P. L. A. C. (C. 25. — S. 285). Ecu d'or. TB. *Pl. VI.*

Siège vacant

Le cardinal Guido Ascanio Sforza, camerlingue. 1549-1550

182 *Ancône.* SEDE. VACANTE. Ecu du cardinal Sforza sous le pavillon et les clefs. ℟. S. PAVLVS. (étoile). ANCONA. Saint Paul debout (C. 3. — S. 5). Jules. Arg. — St Pierre debout (C. 2. — S. 10). Jules. Arg.— Ens. 2 p. TB.

Jules III

Jean Marie Ciocchi del Monte. 1650-1555

183 *Rome.* IVLIVS. III. P. M. AN. II. Son buste à g. ℟. S. PETRVS. ALMA. R. La barque de Saint Pierre à dr. (C. 3. — S. manque). Ecu d'or. TB. Rare. *Pl. V.*
Collection Regnault.

184 IVLIVS. III. P. M. A. III. Son écu sous la tiare et les deux clefs. ℟. VIA. VERITAS. ET. VITA. Buste du Sauveur à g. (C. 6. — S. 4). Ecu d'or. B. *Pl. VI.*

185 IVLIVS. III.. PONT. M. AN. III. Son buste à dr. avec la tiare. ℟. GENS ET REGNVM QVOD NON SERVIERIT TIBI PERIBIT. en 6 lignes dans une couronne de lauriers. (C. 15. — S. 5). Teston. Arg. TB. Très rare. *Pl. VI.*

186 IVLIVS. III. P. MAX. Buste à g. ℟. OMNIA. TVTA. VIDES. ROMA. Rome assise à g. sur les 7 collines (C. 44. — S. 25). Jules. Arg. B. — St Pierre debout (C. 57. — S. 75). Jules. Arg. TB. — PROVIDENTIA autel (C. 70. — S. 101). Gros. Arg. TB. troué. — Ens. 3 p.

187 IVLIVS. III. P. M. A. IVBI. Armes. ℟. VIRGO. TVA. GLORIA. PARTVS. Buste de la Vierge tenant l'Enfant (C. 71. — S. 107). Gros. Arg. TB. — Demi-gros (C. 81. — S. 122). Arg. B. Troué. — Ens. 2 p.

188 *Pérouse.* IVLIVS. III. PONT. MAX. Armes papales. ℟. AVGVSTA. PERVSIA. Griffon à g.; devant, le chêne des Della Rovere (C. 49. — S. 140). Jules. Arg. B. troué. Rare.

189 *Ancône.* Armes papales. ℟. La Porte Sainte avec AN. DNI. MDL; au bas ANCO (C. 59. — S. 147). Jules. Arg. TB. — Armes papales. ℟. St Pierre debout (C. 52. — S. 172). Jules. Arg. B. *Bologne.* Demi-carlin (C. 79. — S. 194). Arg. TB. — Ens. 3 p.

Marcel II

Marcel Cervini. 1555

190 *Rome.* .MARCELLVS. II. PONT. MAX. Armes papales. ℟. S. PETRVS.. ALMA. ROMA. Le saint debout (C. 1. — S. 7). Jules. Arg. B. *Ancône.* Même type (C. 4. — S. 16). Jules. Arg. AB. — Ens. 2 p.

Siège vacant

Le cardinal Guido Ascanio Sforza, camerlingue. 1555

191 *Rome.* SEDE. VACANTE. AN. 1555. Armes du cardinal Sforza sous le pavillon et les clefs. ℟. S. PETRVS. ALMA. ROMA. St Pierre debout (C. 3. — S. 1). Jules. Arg. — Variété avec AN. 1. 5. 5. V. (C. 4. — S. 10). Jules. Arg. B. — Ens. 2 p.

Paul IV

Jean-Pierre Carafa. 1555-1559

192 *Rome.* PAVLVS. IIII.. PONT. MAX. Son écu sous la tiare et les deux clefs. ℟. S. PAVLVS (monogr.). ALMA. ROMA. Saint Paul debout (C. 1. — S. 1 var.). Ecu d'or. TB. Très rare. *Pl. VI.*

193 Même droit. ℟. S. PETRVS.. APOSTOLVS. St Pierre nimbé assis de face; à l'exergue ROMA (C. 5. — S. 11). Teston. Arg. TB. — Même droit. ℟. St Paul debout (C. 29. — S. 56). Jules. Arg. TB. — Ens. 2 p.

194 *Ancône.* .PAVLVS. IIII. PONT. MAX. Ecu sous la tiare et les 2 clefs. ℟. .S. PETRVS. APOSTOLVS. 1557. St Pierre avec la tiare, assis de face; à l'exergue. AN CO. (C. 11. — S. 183). Teston. Arg. TB. *Pl. VI.*

195 Même lég. et armes plus simples. ℟. S. PAVLVS. ANCONA. Saint Paul debout (C. 32. — S. 254). Jules. Arg. TB.

196 *Bologne.* ·PAVLVS. IIII·· PONT. MAX. Son écu sous la tiare et les 2 clefs. ℟. (soleil). BONONIA.o. DOCET. Croix fleuronnée entre les armes du cardinal Carlo Carafa et de la ville (C. 4. — S. 267). Ecu d'or au soleil. TB. *Pl. VI.*

Siège vacant

Le cardinal Guido Ascanio Sforza, camerlingue. 1559

197 *Rome.* SEDE VACANTE. 1559. Armes du cardinal Sforza sous le pavillon et les clefs. ℟. .S. PETRVS. APOSTOLVS. St Pierre assis de face; à l'exergue ROMA (C. 1. — S. 1). Teston. Arg. Très beau. *Pl. VI.*

198 Même droit. ℟. Saint Paul debout (C. 3. — S. 14). Jules. Arg. B. — St Pierre debout (C. 2. — S. 21). Jules. Arg. — Ens. 2 p.

Pie IV

Jean-Ange de Medici. 1559-1566

199 *Rome.* PIVS. IIII.PONT. MAX. Son écu sous la tiare et les clefs. ℟. •S. PETRVS. APOSTOLVS Saint Pierre avec la tiare, assis de face; à l'exergue. ROMA. (C. 8. — S. 60). Teston. Arg. TB.

200 Même droit. ℟. TV AVTEM IDEM IPSE ES. Jésus disputant avec les docteurs; à l'exergue. ROMA. (C. 7. — S. 75). Teston. Arg. B. — St Pierre debout (C. 20. — S. 91). Jules. Arg. B. — Variété (C. 22. — S. 142). Jules. Arg. B. — Gros (C. 34. — S. 175). Arg. TB. — Ens. 4 p.

201 *Ancône.* .PIVS. IIII.. PONT. MAX. Ecu sous la tiare et les clefs. ℟. .S. PETRVS. APOSTOLVS. St Pierre nimbé assis de face; à l'exergue .ANCONA. (C 12. — S. 201). Teston. Arg. B. *Macerata.* Même type varié (C. 10. — S. 218). Teston. Arg. B. — Ens. 2 p.

202 *Bologne.* .PIVS. IIII.... PONT. MAX. Son écu sous la tiare et les clefs. ℟. (soleil). BONONIA.o. DOCET. Croix fleuronnée entre les écus du cardinal Boromeo et de la ville (C. 1. — S. 233). Ecu d'or au soleil. TB. *Pl. VI.*

203 .PIVS. IIII. PONT. MAX. Son buste à dr. ℟. .BONONIA. MATER. STVDIORVM. Lion à g., tenant la bannière (C. 18. — S. 238). Bianco ou double jules. Arg. TB. *Pl. VI.*

204 Armes. ℟. Buste de St Pétrone au-dessus des armes de la ville (C. 22. — S. 242). Carlin. Arg. AB.

Siège vacant

Le cardinal Vitellozzo Vitelli, camerlingue. 1566

205 *Rome.* SEDE. VACANTE. 1565. Armes du cardinal Vitelli écartelées de Carafa sous le pavillon et les clefs. ℟. S. PETRVS. ALMA. ROMA. St Pierre debout (C. 3. — S. 1). Jules. Arg. AB. Rare.

Pie V

Michel Ghislieri. 1566-1572

206 *Rome.* .PIVS. V.. PONT. MAX. Son écu sous la tiare et les 2 clefs. ℟. ABSIT. NISI. IN. TE. GLORIARI. Le pape à genoux à g. devant la croix; à l'exergue .ROMA. (C. 14. — S. 1). Teston. Arg. TB. *Pl. VI.*

207 Armes sous la tiare et les 2 clefs. ℟. GLORIOSI. PRINCIPES. TERRE. AL. R. Bustes accolés de S. Pierre et de S. Paul à g. (C. 24 var. — S. 31). Jules. Arg. AB. — St Pierre debout (C. 28. — S. 42). Jules. Arg. TB. — Ens. 2 p.

208 *Ancône.* Même droit. ℟. S. PETRVS. APOSTOLVS. St Pierre nimbé assis de face; à l'exergue AN-CO (C. 19. — S. 88). Teston. Arg. TB. — St Pierre debout (C. 31. — S. 100 varié). Jules. Arg. TB. — Ens. 2 p.

209 *Fano.* .PIVS. V... PONT. MAX. Ses armes. ℟. IN. TE. DOMINE. SPERAVI. Le pape agenouillé à g. devant la croix; à l'exergue .FANO. (C. 34. — S. 109). Jules. Arg. TB.

210 *Bologne.* .PIVS. V.. PONT. MAX.. Son écu sous la tiare et les deux clefs. ℟. (soleil). BONONIA..o.. DOCET. Croix fleuronnée entre les écus de Monsign. Doria et de la ville (C. 4. — S. 154). Ecu d'or au soleil. TB. *Pl. VI.*

211 . PIVS. IIII. PONT. MAX. Son buste à dr. ℟. .BONONIA. MATER. STVDIORVM. Lion à g. tenant la bannière (C. 22. — S. 157). Bianco ou double jules. Arg. TB.

212 *Avignon.* PIVS. QVINTVS. PONT. OPT. MAX. Son écu sous la tiare et les deux clefs. ℟. + CARO. CAR. D. BOVRBON. LEGAT. AVENIO. Ecu du cardinal Charles de Bourbon sous la croix et le chapeau avec cordelière à glands (C. 6. — S. 163. — PA. 4300). Ecu d'or. TB. Très rare. *Pl. VI.*

Siège vacant

Le cardinal Luigi Cornaro, camerlingue. 1572

213 *Rome.* 1572. SEDE VACANTE. Ecu du cardinal Cornaro sous le gonfanon et les clefs. ℟. S. PETRVS. ALMA. R. St Pierre à mi-corps (C. 1 var. — S. 4). Quattrino. Bill. AB.

Grégoire XIII

Ugo Boncompagni. 1572-1585

214 *Rome.* GREG. XIII.. PON. M. A. V. Son écu sous la tiare et les deux clefs. ℟. BEARE. SOLEO. AMICOS. MEOS. Buste du Sauveur à g. (C. 3 var. — S. manque). Ecu d'or. TB. Rare. *Pl. VI.*
Collection Regnault.

215 GREGORIVS. XIII. PONT. M. Son buste à dr. ℞. AGGREGATA. RELIGIO. La Religion assise à g.; à l'exergue .ROMA. (C. 50. — S. 22). Teston. Arg. TB.

216 Même lég. avec PON. M. et même buste. ℞. ET. TIBI. DABO. CLAVES. ROMA. St Pierre agenouillé à dr. devant le Christ (C. 54. — S. 43). Teston. Arg. B. — IVSTI. INTRABVNT. PER. EAM. Porte (C. 43. — S. 64). Teston. Arg. TB. — LETAMINI. GENTES. La crèche (C. 38. — S. 84). Teston. Arg. TB. percé. — Ens. 3 p.

217 Buste à dr. ℞. NON. APPARENTIVM' EST. FIDES. ROMA. La Foi assise (C. 69. — S. 121). Teston. Arg. TB. — Buste à g. ℞. NVNQVAM DEFICIET ROMA. La Foi debout (C. 75. — S. 136). Teston. Arg. TB. — Variété; buste à dr. (C. 78. — S. 144). Teston. Arg. B. — Ens. 3 p.

218 Même buste. ℞. SIGNA INFIDELIBVS. ROMA. Moïse (C. 94. — S. 194). Teston. Arg. B. — ℞. VT. NON. DEFICIAT. ROMA. L'Eglise debout (C. 98. — S. 199). Teston. Arg. TB. — Le Christ prêchant la foule (C. 104. — S. 208). Teston. Arg. TB. — Ens. 3 p.

219 S[t]. Pierre debout (C. 196. — S. 290). Jules. Arg. B. — Les deux saints debout (C. 187. — S. 302). Jules. Arg. B. — Variété (C. 188. — S. 304). Jules. Arg. TB. — Variété (C. 193. — S. 309). Jules. Arg. TB. — Buste du Christ (C. 274. — S. 345 var.). Demi-gros. Arg. B. — Ens. 5 p.

220 *Ancône*. Armes sous la tiare et les clefs. ℞. .IVSTIS.. PATET. Porte (C. 109. — S. 406). Teston. Arg. TB. — NOLI. ME. TANGERE. Le Christ et Madeleine (C. 115. — S. 431). Teston. Arg. TB. — St Pierre assis de face (C. 124. — S. 451). Teston. Arg. B. — Ens. 3 p.

221 St Pierre debout (C. 130. — S. 509). Teston. Arg. TB. — St Pierre assis (C. 132. — S. 526). Teston. Arg. TB. — Buste à dr. ℞. SVSPICE ET VALEBIS. Armes (C. 143. — S. 595 varié). Teston. Arg. B. — Armes (C. 218. — S. 608). Jules. Arg. — Ens. 4 p.

222 *Fano*. Buste à g. ℞. Armes (C. 148. — S. 378). Teston. Arg. — St Pierre debout (C. 238. — S. 687). Jules. — St Pierre agenouillé à g. devant le Christ (C. 231. — S. 699). Jules. Arg. — Ens. 3 p.

223 *Macerata*. Buste à dr. ℞. : SVSPICE : ET :: VALEBIS : Ses armes sous la tiare et les clefs (C. 108. — S. 791). Teston. Arg. — Quattrino (C. 315. — S. 821). Cuivre. TB. — Ens. 2 p.

224 *Bologne*. .GREGORIVS. XIII. PONT. MAX. Son écu sous la tiare et les deux clefs. ℞. (soleil). BONONIA.. DOCET. Croix fleuronnée entre les écus du gouverneur Lattanzi et de la ville (C. 22. — S. 843). Ecu d'or au soleil. TB. *Pl. VII.*

225 Variété. La croix du revers entre les écus du gouverneur Frangipani et de la ville (C. 23. — S. 844). Ecu d'or au soleil. TB. *Pl. VII.*

226 Autre variété. La croix du revers entre les écus du gouverneur Sangiorgi et de la ville (C. 25. — S. 847). Ecu d'or au soleil. TB. *Pl. VII.*

227 GREGORIVS. XIII. PONT. MAX. Son buste à dr. ℟. .BONONIA. MATER. STVDIORVM. Lion à g. tenant la bannière (C. 153. — S. 848). Bianco ou double jules. Arg. TB.

228 BONONIA DOCET. dans une couronne de laurier (C. 282. — S. 860). Mezza gabella? Arg. B.

Siège vacant

Le cardinal Philippe Guastavillano, camerlingue. 1585

229 *Rome.* SEDE. VACANTE. 1585. Armes du cardinal Guastavillano sous le pavillon et les clefs. ℟. PASTOR. OVVAS. ELECT. St Pierre et St Paul debout; à l'exergue ROMA (C. 4. — S. 1 var.) Jules. Arg. B. Rare.

Collection Rossi.

230 *Ancône.* SEDE. V. Pavillon et clefs. ℟. S. PETRVS. ANCONA. Buste de face (C. 9. — S. 5). Quattrino. Bill. B.

Sixte V

Félix Peretti. 1585-1590

231 *Rome.* SIXTVS. V.. PON. M. A. I. Son écu sous la tiare et les deux clefs. ℟. S. PETRVS. ALMA. ROMA. (monogr.). Saint Pierre debout (C. 5. — S. manque). Ecu d'or. Très rare. *Pl. VI.*

Collection Rossi.

232 .SIXTVS. V. PON. MAX. AN. V. Son buste à g.; dessous 15 GT 89. ℟. IN. TE. SITIO. St François agenouillé à g. devant un crucifix; à l'exergue .ROMA. (C. 16. — S. 12). Piastra ou scudo. Arg. TB. *Pl. IX.*

233 Armes. ℟. AGGREGATA. RELIGIO. ROMA. L'Eglise assise à g. (C. 31. — S. 17). Teston. Arg. B. — NVMQVAM DEFICIET ROMA. La Foi debout (C. 35. — S. 33). Teston. Arg. TB. — La Justice debout (C. 45. — S. 49). Teston. Arg. B. — Ens. 3 p.

234 SIXTVS. V. PONT. MAX. Son buste à g. ℟. SIC DECET IMPLERE ROMA. Le baptême du Christ (C. 75. — S. 68). Teston. Arg. TB. *Pl. VI.*

235 Armes papales. ℟. SOLA SVFFICIT. La Foi assise de face (C. 81. — S. 74). Teston. Arg. — SIXTVS. V. PON. MAX. ANN. IIII. Son buste à dr. ℟. .S. PETRVS. ALMA. ROMA. St Pierre debout à g. (C. 62 — S. 111). Teston. Arg. TB. — Armes ℟.. S. PETRVS. ALMA. ROMA. St Pierre assis à g. 1588 (C. 68. — S. 119). Teston. Arg. TB. — St Pierre recevant les clefs (C. 134. — S. 139). Baiocco. Bill. TB. — Ens. 4 p.

236 *Ancône*. .SIXTVS.. V. PON. M. Son écu sur un cartouche sommé de la tiare et des deux clefs. ℟. ANCON. DORICA CIVITAS FIDEI. 1586. Croix feuillue (C. 9. — S. 146). Ecu d'or. TB. Très rare. *Pl. VI.*

237 SIXTVS. V. PONT. OPT. M. Buste à g., dessous 1588. ℟. SVB. TVVM. PRÆSIDIVM. La Vierge et l'Enfant Jésus au-dessus de la Casa Santa; à l'exergue ANCONA (C. 21/23. — S. 148 var.). Scudo. Arg. B. Très rare. *Pl. IX.*

238 SIXTVS. V. P. M. 1585. Armes papales. ℟. . NOLI. ME. TANGERE. Le Christ et la Madeleine; à l'exergue, AN—CO séparé par l'écu du cardinal Guastavillano (C. 90. — S. 157). Teston. Arg. — Autre de 1588 varié (C. 93. — S. 169). Teston. Arg. B. — Ens. 2 p.

239 *Montalto*. SIXTVS. V. PONT. MAX. ANN. IIII. Son buste à dr. ℟. MONTALTO. La Vierge assise entre St Laurent et Ste Apolline à genoux (C. 29. — S. 250). Demi-piastre. Arg. AB. troué. Rare.

240 SIXTVS. V. P. M. Son buste à g, ℟. MONTALTO. 1590. St François agenouillé à g. (C. 162. — S. 279). Baiocco. — Quattrino (C. 171 var. — S. 307). — Ens. 2 p. B.

241 *Bologne*. SIXTVS. V. .PONT. MAX. Cartouche à ses armes sous la tiare et les deux clefs. ℟. (soleil). BONONIA. DOCET. Croix fleuronnée entre les écus du cardinal Caetani et de la ville (C. 2. — S. 312). Double écu au soleil. TB. Rare. *Pl. VIII.*

242 — Variété. La croix entre les écus du cardinal Alexandre Peretti et de la ville (C. 3. — S. 313). Double écu d'or au soleil. TB. Rare. *Pl. VII.*

243 Même lég. Son écu sous la tiare et les deux clefs. ℟. Même lég. Croix fleuronnée entre les écus du cardinal Salviati et de la ville (C. 11. — S. 344). Ecu d'or au soleil. TB. Rare. *Pl. VII.*

244 Même lég. et armes. ℟. · BONONIA ·· DOCET · Lion debout à g., tenant la bannière; à l'exergue. 26. (C. 30. — S. 316). Gabellone. Arg. TB. Rare. *Pl. VII.*

245 Même lég. Son buste à dr. ℞. HINC FIDES ET FORTVTIDO La ville de Bologne, casquée et armée, assise à g. sur des armes et tenant sa bannière ; à l'exergue BONONIA (C. 103. — S. 317). Piastra ou teston. Arg. TB. *Pl. VII.*

246 Même lég. Armes papales. ℞. S. PETRONIVS ·· DE. BONONIA. Le saint debout entre les écus du cardinal Caetani et de la ville (C. 114. — S. 330). Sisto. Arg. B. — Bolognino (C. 210. — S. 338). Bill. TB. — Ens. 2 p.

Urbain VII

Jean-Baptiste Castagna. 1590 (Règne 11 jours)

247 *Fano.* VRBANVS. VII. P. M. FA. Son écu sous la tiare et les clefs. ℞. .ITER. PARA. TVTVM. La Vierge sur le croissant (B. 5. — S. 1). — Baiocco. Bill. B. Rare. *Montalto.* Quattrino (C. 7. — S. 4). Bill. B. — Ens. 2 p.

Siège vacant

Le cardinal Enrico Caetani, camerlingue. 1590

248 *Fano.* . SEDE. VACANTE .F. Armes du cardinal Caetani sous le pavillon et les clefs. ℞. ITER. PARA. TVTVM. La Vierge debout sur le croissant (C. 21. — S. 11 var.). Baiocco. Bill. B.

Grégoire XIV

Nicolas Sfondrati. 1590-1591

249 *Fano.* ·GREGORIVS·· XIIII. PON. M. Cartouche à ses armes sous la tiare et les 2 clefs. ℞. ·TVIS. PRECIBVS. B. G. St Laurent agenouillé à dr. ; à l'exergue. FANVM. (C. 7. — S. 1). Teston. Arg. AB. Très rare. *Pl. VIII.*

250 *Macerata.* GREG. X. IIII. P. M. Armes. ℞. S. IVLIANV. MACERA. Saint Julien armé debout (C. 11 et 12. — S. 9 et 10). Quattrino. Bill. — Ens. 2 p. AB. Rare.
· Collection Rossi.

Siège vacant

Le cardinal Enrico Caetani, camerlingue. 1591

251 *Rome.* SEDE VACANT. 1591. Armes du cardinal Caetani sous le pavillon et les 2 clefs. ℞. ET. STATVI. CVSTODIRE.' Le roi David agenouillé à g. devant un autel ; à l'exergue ROMA (C. 2. — S. 2). Teston. Arg. B. Rare. *Pl. VII.*

Innocent IX

Jean-Antoine Facchinetti. 1591

252 *Bologne.* ·INNOCENTIVS ·· IX. PONT. MAX. Cartouche à ses armes sous la tiare et les deux clefs. ℟. (soleil) ·BONONIA·· (fleuron)·· DOCET. Croix fleuronnée entre les écus du cardinal Sfondrati et de la ville (C. 1. — S. 1 var.). Double écu d'or. TB. Très rare.
Collection Morel Fatio. *Pl. VII.*

Clément VIII

Hippolyte Aldobrandini. 1592-1605

253 *Rome.* .CLEMENS. VIII. PONT. MAX. Son buste à dr. .GLORIOSI. PRINCIPES. Bustes affrontés de St Pierre et de St Paul au dessus de la façade de Saint-Jean de Latran ; à l'exergue .ROMA. (C. 13. — S. 2). Ecu d'or. Très beau. Rare. *Pl. VII.*
Collection Morel Fatio.

254 .CLEMENS. VIII. PONT. MAX. A. X. Son écu sous la tiare et les deux clefs. ℟. AN. IVBILEI. M. DC. ABSOLVTO La Porte Sainte murée ; à l'exergue. RO-MA. séparé par un petit écu (C. 63. — S. 20). Teston. Arg. B. Rare.

255 Même lég. avec A. IX. Armes papales. ℟. IVSTI INTRABVNT PER EAM. La Porte Sainte avec AN. M. D. C. ; au bas RO-MA et petit écu (C. 55. — S. 35). Teston. Arg. B. — .NON. PREVALEBVNT. St Pierre dans la nacelle (C. 51. — S. 46). Teston. Arg. TB. — Ens. 2 p.

256 .CLEMENS. VIII. PON. MAX. Son buste à dr. ℟. .S. PETRVS. ALMA. ROMA. St Pierre assis à g. ; à l'exergue. 15 (monogr.) 92. (C. 27. — S. 67). Teston. Arg. TB.

257 .CLE. VIII.. PON. MAX. Armes papales. ℟. Le précédent (C. 30. — S. 69). Teston. Arg. TB.

258 La même pièce datée 1593 (C. 32. — S. 75). Teston. Arg. TB.

259 .CLEM. VIII... PONT. MAX. Armes papales. ℟. Même lég. St Pierre assis à dr. ; au bas. G. T. (C. 39. — S. 90). Teston. Arg. B.

260 Même droit varié. ℟. .S. PETRVS. S PAVLVS. Les deux saints debout; au bas, monogr. séparant RO-MA (C. 43. — S. 106). Teston Arg. TB.

261 CLE. VIII. PON. MAX. Armes papales. ℟. .SPIRITVS. SANTI. MVNVS. St Pierre assis à g. ; au bas RO-MA séparé par un monogr. (C. 72. — S. 113). Teston. Arg. TB.

262 ℟. La Porte Sainte (C. 126. — S. 159). Demi-gros. Arg. — Quattrino (C. 154. — S. 197). Cuivre. — Ens. 2 p. B.

263 *Fano.* CLEMENS. VIII. P: M. ANNO. I. Ses armes sous la tiare et les deux clefs. ℟. TOTA. FORMOSA. FANVM. La Vierge debout sur un croissant; au bas .GT. (C. 74. — S. 237). Teston. Arg. TB.
Pl. VIII.

264 *Bologne.* CLEMENS. VIII. PONT. MAX. Son buste à dr. ℟. BONONIA. MATER. STVDIORVM. Lion debout à g., tenant la bannière (C. 85. — S. 244). Bianco. Arg. TB. — Bolognino (C. 158 var. — S. 254). Bill. B. — Ens. 2 p.

265 *Ferrare.* CLEMENS. VIII. PONT. MAX. Son buste à g., les mains jointes; devant, un crucifix. ℟. .ANNO. DNI. 1598. St Pierre et St Paul debout; entre eux, l'écu du cardinal Aldobrandini (C. 53. — S. 267). Teston. Arg. B. — Quattrino (C 163. S. 272). Cuivre. B. — Ens. 2 p.

266 *Avignon.* * CLEMENS * VIII * PONTI * MAX * Son buste à g.; à l'exergue, .1597. ℟. ✝OCT. CARD. DE. — AQVAVIVA. LEG (les mots séparés par des lis). Ecu du cardinal Acquaviva sous la croix et le chapeau avec sa cordelière; à l'exergue. AVENIO. (C. 4. — S. manque. — PA. 4338). Quadruple écu d'or. Très beau. Extrêmement rare.
Pl. VII.

267 CLEMENS. VIII. PONTI. O. M. Armes papales. ℟. S. PETRVS * AVENIO * St Pierre debout; à dr.; l'écu du vice-légat Savelli (C. 113. — S. 283). Jules. Arg. TB. *Pl. VII.*

268 *Carpentras.* CLEMENS. VIII. PONT. MAX. Armes sous la tiare, accostées de C-C. ℟. SIL. SABELLVS. VICELEG. AVEN. 1594. Croix cantonnée de 2 lions et de 2 roses (C. 147. — S. 303). Douzain. Bill. TB.

Siège vacant

Le cardinal Pierre Aldobrandini, camerlingue. 1605

269 *Rome.* .SEDE. VACANT. A. M. DCV. Armes du cardinal Aldobrandini sous le pavillon et les clefs. ℟. S. PETRVS. S. PAVLVS. Leurs bustes affrontés; à l'exergue ROMA (C. 6. — S. 4). Teston. Arg. TB. Rare. *Pl. VIII.*

Collection Rossi.

270 Même droit. ℟. : S : PAVLVS : : ALMA : ROMA. St Pierre debout; à dr., un petit écu (C. 13. — S. 9 var.). Jules. Arg. AB.

Paul V

Camille Borghèse. 1605-1621

271 *Rome.* .PAVLVS. V. PONT. M. A. III. Son buste à g. ℟. S. PAVLVS. ALMA. ROMA. Saint Paul assis de face (C. 4 varié. — S. manque). Quadruple écu d'or. TB. Rare. *Pl. VIII.*

Collection Regnault.

272 PAVLVS. V.. P. MAX. A. IV. Son écu sous la tiare et les deux clefs. ℟. S. PAVLVS. ALMA. ROMA. Buste de Saint Paul à g.; derrière, le petit écu du monnayeur; à l'exergue .MDC. VIII. (C. 5. — S. 2). Quadruple écu d'or. Pièce refaite au burin. *Pl. VII.*

273 PAVLVS. V. BVRGHESIVS. RO. P. MA. Cartouche à ses armes sous la tiare et les deux clefs. ℟. S. PAVLVS. ALMA. ROMA. Saint Paul debout; à ses pieds, un écu tiercé. (C. 11. varié. — S. 3). Double écu d'or. TB. Rare. *Pl. VII.*

274 PAVLVS. V. P. MAX. A. XI. Même écu varié. ℟. S. PAVLVS. ROMA. Buste de Saint Paul à dr. (C. 18. — S. 7 varié). Ecu d'or. TB. *Pl. VII.*

275 .PAVLVS. .V. P. MAX. A. IV. Son écu sous la tiare et les deux clefs. ℟. S. PAVLVS. S. PETRVS. Bustes accolés des deux saints à g.; derrière RP (C. 15. — S. 10). Ecu d'or. TB. *Pl. VII.*

276 .PAVLVS. V. P. MAX. A. IIII. Armes sous la tiare et les clefs. ℟. ·S. PAVLVS. ALMA. ROMA. St Pierre debout, appuyé sur l'épée; à dr., petit écu (C. 38. — S. 25). Teston. Arg. TB.

277 .PAVLVS. V. P. MAX. A. V. Armes papales. ℟. Même lég. et type (C. 40. — S. 44). Teston. Arg. TB.

278 Armes papales. ℟. St Pierre assis de face, 1610 (C. 47. — S. 59). Teston. Arg. B. — Autre de 1611 (C. 49. — S. 61). Teston. Arg. TB. — Ens. 2 p.

279 Même droit. ℟. Même lég. Type de St Pierre tenant l'épée, la pointe en bas (C. 42. — S. 75). Teston. Arg. TB.

280 Armes papales. ℟. St Pierre assis de face, levant le bras droit; à dr., petit écu; au bas. 1612. (C. 57. — S. 107). Teston. Arg. TB. — Le même, daté. 1615. (C. 65. — S. 130). Teston. Arg. B. — Ens. 2 p.

281 Armes papales. ℟. St Paul debout (C. 74. — S. 144 varié). Teston Arg. B. — Les deux apôtres debout (C. 31. — S. 169). Teston. Arg. TB. — Ens. 2 p.

282 Jules (C. 129 et 135). Gros (C. 152). Demi-gros (C. 212). Arg. — Ens. 4 p.

283 Mezzo baiocco. 1617 (C. 237). Quattrino (C. 242 et 258). Cuivre. — Ens. 3 p. TB.

284 *Bologne.* PAVLVS. V. .PONT. MAX. Armes papales accostées au bas des écus du cardinal Capponi et de la ville; à l'exergue BOL.XX. ℟. S. PETRONIVS PROTECT. Le saint assis; à l'exergue MDCXIX (C. 118. — S. 416). Piastra. Arg. TB. *Pl. VIII.*

285 Mezzo baiocco. 1620 (C. 239). Quattrino. 1612 (C. 261). Cuivre. — Ens. 2 p. TB.

286 *Ferrare.* PAVLVS. V. BVRGHESIVS : P : MAX : 1620 : Son buste à dr. avec le bonnet. ℟. S. GEORGIVS. FERRARIÆ.. PROTECTOR. St Georges galopant à dr. et perçant le dragon; dessous, armes du cardinal Serra et de la ville (C. 24. — S. 454 var.). Scudo. Arg. TB. Rare. *Pl. IX.*

287 PAVLVS. V. BVRGH. PONT. MAX. Même buste; au bas. 1620. F. B. ℟. S. GEORGIVS. FERRARIÆ. PROTEC. St Georges galopant à dr., perçant le dragon; au bas, les écus du cardinal Serra et de la ville (C. 102 var. — S. 463). Teston. Arg. B. *Pl. VIII.*

288 Jules (C. 146). Gros (C. 177). Demi-gros (C. 228). Arg. — Quattrino (C. 282). Cuivre. — Ens. 4 p.

289 *Avignon.* PAVLVS. V. PONT. OPT. MAX. 1612. Son buste à dr.; au bas F. ℟. SCIP. BVRGHESIVS. CARD. LEG. AVEN : Croix feuillue et fleurdelisée (C. et S. manque — PA. 4379). Quart de franc. Arg. B. Extrêmement rare. *Pl. X.*

Collection Regnault.

Siège vacant

Le cardinal Pierre Aldobrandini, camerlingue. 1621

290 *Rome.* .SEDE. VACANTE. I. 621. Armes du cardinal Aldobrandini sous le pavillon et les deux clefs. ℟. STATVIT. SVPRA. PETRM. PEDES. MEOS. La Religion debout de face; au bas, petit écu séparant RO-MA (C. 1. — S. 3 var.). Teston. Arg. B. Très rare. *Pl. VIII.*

291 Même droit. 1621. ℟. STATVIT. SVPRA. PETRAM. PEDES. MEOS : · Même type (C. 3. — S. 6). Jules. Arg. TB.

292 *Ferrare.* .SEDE. VACANTE. Même type varié. ℟. CIVITAS. FERRARIÆ. 1621. Cartouche ovale aux armes de la ville (C. 5. — S. 12). Jules. Arg. AB.

Grégoire XV

Alexandre Ludovisi. 1621-1623.

293 *Rome.* GREGORIV. .XV. PONT. M. Son écu sous la tiare et les deux clefs. ℟. SVB. TVVM PRÆSIDIVM. L'Immaculée Conception couronnée de 7 étoiles, entourée d'une gloire; à l'exergue .RO (écu tiercé) MA. (C. 4. — S. 2) Double écu d'or. TB. *Pl. X.*

294 GREGORIVS. XV. P. MA. Son buste à dr.; à l'exergue. A. II. ℟. .SVB. TVVM. PRÆSID (écu tiercé). L'Immaculée Conception (C. 6 varié. — S. 4). Ecu d'or. TB. *Pl. VIII.*

295 Teston (C. 24 var. — S. 18). Jules (C. 33). Gros (C. 41). Demi-gros (C. 54 et 64). Argent. — Quattrino (C. 91). Cuivre. — Ens. 6 p.

296 *Ferrare*. GREGORIVS. XV. LVDOVISIVS. P. MAX. 1621. Son buste à dr. avec le bonnet. ℞. S. GEORGIVS. FERRARIÆ. PROTECTOR. St Georges galopant à dr. et perçant le dragon; à l'exergue, armes du cardinal Serra et de la ville (C. 7. — S. 91). Scudo. Arg. TB.
Collection Regnault. *Pl. XI.*

297 .GREGORIVS. XV. P. MAX. Armes papales. ℞. S. GEORGVS. FERRAIA. PROTEC. 1621. Même type de St Georges; dessous. N. F. (C. 46. — C. 99). Gros. Arg. TB.

298 Demi-gros. 1622 (C. 75). Arg. — Mezzo baiocco. 1621 (C. 85). Quattrino. 1623 (C. 93 et s. d. 99). Cuivre. — Ens. 4 p.

Siège vacant

Le cardinal Pierre Aldobrandini, camerlingue. 1623

299 *Rome*. SEDE. VACANTE. 1623. Armes du cardinal Aldobrandini sous la tiare et les deux clefs. ℞. QA. DOMIN. SVSCEPIT. ME. Le Rédempteur de face; à g., petit écu tiercé (C. 4. — S. 2 var.). Teston. Arg. B. Rare. *Pl. VIII.*

300 Jules (C. 5). Demi-gros (C. 20). Arg. — Ens. 2 p.

301 *Ferrare*. IACOBVS. SERRA LEG. SED. V. Ecu du cardinal Serra sous le pavillon et les deux clefs. ℞. CIVITAS * FERRARIÆ. 1623. Ecu de la ville, timbré d'une couronne et accosté de TA-B (C. 9. — S. manque). Jules. Arg. TB. *Pl. VIII.*

302 Même lég. et type varié. ℞. Même lég. et écu plus simple, accosté de TA-B (C. 15. — S. 16). Gros. Arg. B.

Urbain VIII

Maffeo Barberini. 1623-1644

303 .*Rome*. .VRBANVS. VIII. PONT. MAX. A. I. Son écu sous la tiare et les deux clefs. ℞. S. PETRVS. S. PAVLVS. — .ALMA. ROMA. Les bustes des saints affrontés; au-dessous, 16-24 séparé par un écu tiercé (C. 15. — S. 2). Double écu d'or. TB. *Pl. X.*

304 VRBANVS. VIII. PONT. M. A. II. Son buste à dr.; dessous, un écu tiercé et GM. ℞. QVI INGREDITVR SINE MACVLA. La Porte Sainte avec la Sainte Face, accostée de 16-25; à l'exergue ROMA (C. 19. — S. 3). Ecu d'or. TB. *Pl. VIII.*

305 VRBANVS. VIII. P. MAX. Son buste à dr.; au bas A. XIII. ℞. SVB TVVM PRÆSID. L'Immaculée Conception. A l'exergue ROMA (C. 28. — S. manque). Ecu d'or. TB. *Pl. VIII.*

306 [VRBANVS. VIII]. PON. M A. XX. 1642. Son écu sous la tiare et les deux clefs. ℞. Le précédent avec PRÆSID suivi d'une étoile (C. 30. — S. manque). Ecu d'or. B. *Pl. X.*

307 VRBAN. VII (*sic*) PON. M. A. XXI. Ecu sous la tiare et les deux clefs dans un grènetis. ℞. VIVIT. DEVS. L'Archange saint Michel foulant et frappant Lucifer (C. 41 var. — S. manque). Ecu d'or. TB. *Pl. X.*

Collection Regnault.

308 VRBANVS. VIII. PON. MAX. A. XXI. Son buste à dr.; dessous GM 1643. ℞. Bustes de face de St Pierre et de St Paul sous le Saint-Esprit; à l'exergue ROMA et un petit écu, le tout dans une couronne de laurier (C. 47. — S. 9). Scudo. Arg. TB.

309 Même lég. avec A. XX. et même buste. ℞. SVB TVVM PRÆSIDIVM CON. L'Immaculée Conception; au bas, un petit écu (C. 45. — S. 16) Scudo. Arg. TB.

310 Même droit avec A. XX; sous le buste G 1643 M. ℞. TE MANE TE VESPERE. Le Pape agenouillé à g. devant l'Archange St Michel; à l'exergue .ROMA. (C. 50. — S. 23). Scudo. Arg. B.

311 VRBANVS. VIII. PONT. MAX. Son buste à dr. signé GASP. MOLO; au bas, AN. XII. ℞. VIVIT*DEVS. L'Archange St Michel précipitant le démon en enfer; à l'exergue RO (écu) MA (C. 58. — S. 31). Scudo Arg. TB.

312 VRBANVS. VIII. PON. MAX. A. II. Armes papales. ℞. QVI. INGREDITVR. SINE. MACVLA. La Porte Sainte avec la Sainte Face (C. 70 — S. 64). Teston. Arg. TB. — Buste à dr. ℞. St Pierre assis à g. (C. 88. — S. 112). Teston. Arg. TB. — Ens. 2 p.

313 VRBAN. VIII. PONT. MAX. Armes papales. ℞. Le précédent (C. 91. — S. 118). Teston. Arg. TB.

314 Armes papales. ℞. SVB TVVM PRÆSID. L'Immaculée Conception (C. 107. — S. 189). Teston. Arg. TB. — Buste à dr. ℞. VIVIT DEVS. L'Archange St Michel perçant Lucifer (C. 111. — S. 211). Teston. Arg. TB. — Ens. 2 p.

315 Jules. Sans date (C. 139). 1625 (C. 157). Gros (C. 223). Demi-gros (C. 278 et 312). Arg. — Ens. 5 p.

316 Quattrino. 1625 (C. 326 var.). Sans date (336 et 339). Cuivre. — Ens. 3 p. TB.

317 *Ferrare.* VRBANVS. VIII. BARBERINVS. P. M. Son buste à dr. avec le bonnet. ℞. S. GEORGIVS. FERRARIÆ. PROTECTOR. St Georges galopant à dr. et perçant le dragon; dessous, les écus du cardinal Cenini et de la ville (C. 62. — S. 609). Scudo. Arg. TB. *Pl. XI.*

318 Gros. 1624 (C. 256). Arg. — Quattrino. 1623 (349). Cuivre. — Ens. 2 p.

319 *Avignon.* VRBANVS VIII PONT. MAX. 1640. Son buste à dr.; au bas, les armes du vice légat Sforza. ℟. ANTONIVS. CARD. BARBERINVS. LEGAT. AVE. Armes du cardinal Antoine Barberini, posées sur une croix de Malte et timbrées du chapeau avec cordelière à glands (C. 10. — S. 633 autre date. — PA. 4400, autre date). Quadruple écu. Or. TB. *Pl. VIII.*

320 La même pièce datée 1641 et portant une abeille à côté des armes du vice-légat (C. 11. — S. 634 — PA. 4404 varié). Quadruple écu. Or. Très beau. *Pl. VIII.*

321 VRBANVS. VIII. PONT. MAX + Son buste à dr.; dessous 1640. ℟. ANTONIVS. CARD. BARBERINVS. LE. AVEN. Croix feuillue et fleurdelisée (C. 134 var. — S. manque. — PA. 4407 var.). Demi-franc. Arg. B. Rare. *Pl. VIII.*

Siège vacant

Le cardinal Antoine Barberini, camerlingue. 1644

322 *Rome.* SEDE • VACANTE. Ecu du cardinal Barberini sous le pavillon et les clefs. ℟. PROTEGE Buste de face de la Vierge tenant l'Enfant Jésus; à l'exergue, ROMÆ. 1644 (C. 1. — S. 1 non daté). Teston. Arg. AB. troué. Rare. *Pl. VIII.*

Innocent X

Jean-Baptiste Panfili. 1644-1655

323 *Rome.* INNOC. X. P. M. A. VII. Son écu sous la tiare et les deux clefs. ℟. APERIT ET CLAVSIT. La Porte Sainte fermée d'une croix, accostée de RO-MA; à l'exergue MDCLI (C. 8. — S. 1 var.). Double écu d'or. TB. *Pl. X.*

324 .INNOCEN. X. P. M. A. VIII. Mêmes armes. ℟. VNDE. VEN. AVX. MIHI. L'Assomption de la Vierge; à l'exergue .1652. (C. 21 var. — S. manque). Ecu d'or. TB. *Pl. X.*
Collection Rossi.

325 INNOCENTIVS. X. PONT. MAX. Son buste à dr.; dessous .ANNO. II. ℟. (écu) IN VERBO TVO. St Pierre agenouillé à g. devant le Christ; à l'exergue. ROMAE. (C. 24. — S. 9). Scudo. Arg. TB. *Pl. XI.*

326 Ecu sous la tiare et les deux clefs. ℟. IVSTI INTRABVNT PER EAM. La Porte Sainte avec la Sainte Face (C. 41 — S. 15). Teston. Arg. TB. — La Porte Sainte (C. 66. — S. 35). Jules. Arg. TB. — Ens. 2 p.

327 Jules (C. 75). Gros (C. 100 et 106). Demi-gros (C. 135). Arg. — Ens. 4 p.

328 Quattrino (C. 184). *Gubbio*. Mezzo baiocco (C. 155). Quattrino (C. 163 et 173 sans date). Cuivre). — Ens. 4 p.

329 *Ferrare*. INNOCENT : * X. PONT. MAX. Son buste à dr. avec le bonnet; dessous * ANNO * 1654 * ℟. S : GEORGIVS. FERRARIÆ. PROTEC : St Georges galopant à dr. et perçant le dragon ; au bas, les écus du cardinal Cibo et de la ville (C. 59 — S. 191). Teston. Arg. B. — Demi-gros percé (C. 149. — S. 211). Arg. — Ens. 2 p.

330 *Avignon*. INNOCENTIVS. X. PONT. OPT. MAX. Son buste à dr.; au-dessous, les armes du prolégat Lorenzo Corsi et 1651. ℟. (lis) CAMILLVS. CARD. PAMPHILIVS. LEGAT. AVEN. Armes du cardinal Panfili sous le chapeau (C. 30. — S. 219. — PA. manque). Ecu de 8 jules. Arg. TB. Rare. *Pl. IX*.

Siège vacant

Le cardinal Antoine Barberini, camerlingue, 1655

331 *Rome*. + * SEDE VACANTE MDCLV * Ecu du cardinal Barberini sous le pavillon et les clefs. ℟. INFVNDE AMOREM CORDIBVS. L'Esprit Saint; au bas .ROMA. (C. 4. — S. 3). Scudo. Arg. TB.

Collection Regnault.

332 Jules (C. 7). Gros (C. 11). Demi-gros (C. 14). Arg. — Ens. 3 p. trouées.

333 *Ferrare*. .SEDE.VACANTE. Armes du cardinal-légat Spada, sous le pavillon et les clefs. ℟. CIVITAS. FERRARIA. 1655. Ecu couronné de la ville, tenu par deux génies (C. 8. — S. 16). Jules. Arg. B.

Alexandre VII

Fabio Chigi. 1655-1667

334 *Rome*. ALEX. VII. PONT. MAX. Saint Pierre assis sur les armes du Pape; à g. ROMÆ. ℟. * DISPERSIT. DEDIT. PAVPERIBVS. I. E. M. I. S. S. St Thomas et le pauvre (.C 50. — S. 8). Scudo. Arg. TB.

335 NEC CITRA NEC VLTRA. Main tenant une balance en équilibre (C. 51. — S. 10). teston. Arg. troué. — Jules (C. 74). Gros (C. 108). Demi-gros (C. 131). Arg. — Ens. 4 p. TB.

336 Jules (C. 72). Troué. Gros (C. 113). Arg. — Mezzo baiocco (C. 140). *Gubbio*. Quattrino (C. 150). Cuivre. — Ens. 4 p. TB.

337 *Bologne*. .ALEXANDER. VII. PON. MAX. Son écu sous la tiare et les deux clefs. ℟. .BONONIA. DOCET. Croix fleuronnée entre les écus du cardinal Lomellini et de la ville; dans les cantons du haut 16-56; à l'exergue B * P (C. 5. — S. 89). Quadruple écu d'or. Très beau. *Pl. VIII*.

338 ALEXANDER (étoile) VII. P. M. Mêmes armes. ℟. Lég. et type précédent ; même date (C. 40. — S. 92 var.). Ecu d'or. TB. troué. *Pl. X.*

339 Même droit, sans l'étoile. ℟. Même lég. La croix entre les écus du cardinal Farnèse et de la ville ; dans le haut 16-59 ; à l'exergue B * P (C. 43. — S. manque). Ecu d'or. TB. *Pl. X.*

340 Armes. ℟. 1655. Lion debout (C. 59. — S. 94). Lira. Arg. B. — ALEX. VII. P. M. Armes papales entre les écus du cardinal Vidoni et de la ville ; au bas 10. ℟. PRAESID. ET .DECVS .BONON. Buste de la Vierge tenant l'Enfant (C. 79. — S. 114). Bianco. Arg. B. — Ens. 2 p.

341 Carlin (C. 116 — S. 118). Arg. B. — Armes. ℟. FERRARIÆ. 1654 (C. 135. — S. 138). Demi-gros. Arg. B. Ens. 2 p.

342 *Avignon.* FLAVIVS. CARD. GHISIVS. LEGA. AVE. Buste du cardinal Chigi à dr. ℟. EX. MONTIBVS. PAX. ORIETVR. 1662. Armes de Chigi dans une épicycloïde (C. 102. — S. 147. — PA. 4456). Carlin. Arg. Contremarqué. *Pl. X.*

343 ALEXANDER. VII. PON. OPT. MAX. Son buste à dr. ; dessous, écu du vice-légat Lascaris. ℟. .FLAVIVS. CARD. GHISIVS. LEGAT. AVEN. 1660. Ecu du cardinal Chigi (C. 97 var. — S. 151 var. — PA. 4452 var.). Carlin. Arg. TB. *Pl. X.*

Siège vacant

Le cardinal Antoine Barberini, camerlingue. 1667

344 *Rome.* SEDE. VACANTE MDCCXVII. Ecu du cardinal Barberini sous le pavillon et les clefs. ℟. DA RECTA SAPERE. Le Saint Esprit ; à l'exergue ROMA (C. 1. — S. manque). Ecu d'or. Très beau. Rare. *Pl. X.*

Collection Rossi.

345 Même droit. ℟. Le précédent, avec une abeille au commencement et à la fin de la légende, et un petit écu séparant RO-MA. (C. 3. — S. 1). Scudo. Arg. Très beau.

Collection Regnault.

346 Même lég. et mêmes armes. ℟. Même lég., une étoile en fin de légende. Le Saint Esprit ; à l'exergue .ROMA. (C. 5. — S. 4). Teston. Arg. — Même type varié (C. 8. — S. 7). Jules. Arg. troué. — Ens. 2 p. TB.

347 *Bologne.* * SEDE. VACANTE. 1667 *. Armes du cardinal Carafa et de la ville, sous le pavillon et les clefs. ℟. S. PETRON. DE. BONON. Le saint agenouillé à g. ; à l'exergue .XX. (C. 7. — S. 9). Lira. Arg. B. — Carlin (C. 9. — S. 12). Arg. B. — Ens. 2 p.

Clément IX

Jules Rospigliosi. 1667-1669

348 *Rome.* CLEM. IX PONT. MAX. Son écu sous la tiare et les deux clefs. ℟. CANDOR LVCIS ÆTERNÆ. L'Assomption (C. 3. — S. 3) double écu d'or. FDC. *Pl. X.*

Collection Regnault.

349 .CLEMENS. IX. PONT. MAX. Son écu sous la tiare et les 2 clefs. ℟. SPLENDET A MAIESTATE EIVS. La chaire de St Pierre sur les nues, entourée de séraphins; au-dessus, l'Esprit Saint (C. 7. — S. 6). Scudo. Arg. FDC.

Collection Regnault.

350 Saint Pierre debout de face (C. 12 var. — S. 10). Jules. — Tête de St Pierre à dr. (C. 20. — S. 25). Demi-gros. — Arg. — Ens. 2 p. TB.

351 *Gubbio.* Mezzo baiocco (C. 24 et 25). Quattrino (C. 26). Cuivre. — Ens. 3 p.

Siège vacant

Le cardinal Antoine Barberini, camerlingue. 1669-1670

352 *Rome.* SEDE VACANTE MDCLXIX. Armes du cardinal Barberini sous le pavillon et les clefs. ℟. ILLVXIT. ILLVCESCAT ADHVC (abeille). Le Saint-Esprit; à l'exergue RO (écu) MA (C. 4. — S. 2). Scudo Arg. FDC.

353 Mêmes types. Teston (C. 5. — S. 4). Arg. troué. — Jules (C. 6. — S. 6). Demi-gros (C. 9. — S. 11). Arg. — Ens. 3 p. TB.

Clément X

Emile Altieri. 1670-1676

354 *Rome.* CLEMENS X. PONT. MAX. A. I. Son buste à dr.; au bas MDCLXX. ℟. COLLES. FLVENT. MEL. DE. PETRA. Saint Pierre martyr couronné par un ange; à l'exergue S. PETRVS. M. (C. 4. — S. manque) Double écu d'or. FDC. Rare. *Pl. X.*

Collection Regnault.

355 CLEMENS. X. PONT. MAX. AN. IIII. Buste à dr. avec le bonnet; dessous EQ. HIER. LVCENTI. MDCLXXIII. ℟. BEATO. PIO. V. St Pie V agenouillé à dr. devant un autel; derrière lui, un ange tenant une draperie avec la bataille de Lépante; à l'exergue, armes de Monsign. Raggi (C. 18. — S. 6). Scudo. Arg. FDC.

356 CLAVSIS FORIBVS VENIET ET DABIT PACEM. La Porte Sainte entre les statues de St Pierre et de St Paul; à l'exergue, les armes de Mons. Imperiali entre MDCL-XXV (C. 19. — S. 8). Scudo. Arg. TB.

357 Variété avec CLEMENS. X. PONT. MAX. Ses armes sous la tiare et les clefs. ℟. Le précédent (C. 20. — S. 12). Scudo. Arg. FDC.

358 Même droit. ℟. DABIT FRVCTVM SVVM IN TEMPORE. Même type; à l'exergue, les armes de Mons. Costaguti entre MDCL-XXV (C. 22. — S. 16). Scudo. Arg. FDC.

359 Buste à dr. ℟. Le portique de St Pierre; devant, diverses figures; à l'exergue, armes de Mons. Costaguti entre MDCL-XXV (C. 24.— S. 18). Scudo. Arg. TB.

360 Buste à dr. avec le bonnet. ℟. MALVM MINVIT * BONVM AVGET. La Clémence et la Libéralité debout (C. 14.— S 24). Scudo. Arg. TB.

361 CLEMENS X. PONT. MAX. Ses armes sous la tiare et les clefs. ℟. VT. ABVNDETIS. MAGIS. Vue de Civitta Vecchia avec un navire; à l'exergue, armes de Mons. Costaguti entre MDC-LXXII (C. 16. — S. 28). Scudo. Arg. FDC.

362 DEDI. CORAM. TE. OSTIVM. APERTVM. Pèlerins devant le portique de St Pierre, 16-75 (C. 34. — S. 35). Teston. Arg. TB.

363 Buste à dr. avec le bonnet. ℟. ET CLAVSO OSTIO ORA PATREM TVVM. La Porte Sainte entre deux anges (C. 36. — S. 37). Teston. Arg. TB.

364 Armes. ℟. REX REG. DOMINVS DOM. Buste du Sauveur; à l'exergue, l'écu de Monsign. Raggi entre 2 étoiles (C. 40. — S. 46). Teston. Arg. TB.

365 SATIABOR GLORIA TVA. Le pape agenouillé à g. (C. 41. — S. 48). Teston. Arg. troué. — La Porte Sainte (C. 51 et 52). Jules. Arg. — Ens. 3 p. TB.

366 Légende dans un cartouche (C. 46. — S. 60). Jules. — St Venant debout (C. 53. — S. 62). Jules. — Gros (C. 54, 55, 56, 58, 60). Arg. — Ens. 7 p. B. et TB.

367 Demi-gros (C. 66, 70, 72, 73). Arg. — Ens. 4 p. B.

368 *Gubbio*. Quattrino (C. 107). *Ferrare*. Quattrino. 1676 (C. 11). Cuivre. — Ens. 2 p.

369 *Bologne*. Armes papales entre les écus du cardinal Bonaccorsi et de la ville. 1674 (C. 45. — S. 129). Lira. — Armes de la ville. 1673 (C. 62. — S. 135). Carlin. Arg. — Ens. 2 p. B.

Siège vacant

Le cardinal Paluzzi-Altieri, camerlingue. 1676

370 *Rome*. SEDE VACANTE. MDCLXXVI. Armes du cardinal Altieri sous le pavillon et les clefs. ℟. DABITVR. VOBIS. PARACLETVS. Le Saint-Esprit; à l'exergue, les armes de Mons. Imperiali entre RO-MA (C. 1. — S. 1). Scudo. Arg. Très beau.

371 Même droit. ℟. MENTES. TVORVM. VISITA. Le Saint-Esprit; à l'exergue, l'écu de Mons. Imperiali séparant RO-MA (C. 2. — S. 3). Teston. Arg. TB. — Jules (C. 4.— S. 7). troué. — Demi-gros (C. 7. — S. 11). Arg. TB. — Ens. 3 p.

Innocent XI

Benoît Odescalchi. 1676-1689

372 *Rome.* INNOCEN. XI. PONT. MAX. AN. II. Son buste à dr., signé *H.* ℟. SVB. TVVM.. PRÆSIDIVM La Vierge tenant l'Enfant Jésus assise entre St Augustin et St François agenouillés et St Laurent et St Etienne debout; à l'exergue, ROMÆ et les armes de Monsig. Raggi (C. 3. — S. 6). Quadruple écu d'or. FDC. *Pl. IX.*

373 INNOCEN. XI. PON. M. AN. IX. Son écu entre deux palmes sous la tiare et les deux clefs. ℟. QVI CONFIDIT IN DIVITIIS CORRVET 1684 en 5 lignes dans un cartouche (C. 14. — S. manque). Double écu d'or. FDC. *Pl. X.*

374 Buste à dr. avec le bonnet. ℟. DEXTERA TVA DOMINE PERCVSSIT INIMICVM en 4 lignes dans une couronne de palmes (C. 47. — S. 23). Scudo. Arg. TB.

375 Armes. ℟. ERIT. LIGATVM. ET. IN. CÆLIS. Saint Pierre assis de face. 16-81 (C. 39. — S. 34). Scudo. Arg. TB.

376 Même droit. ℟. NON PRODERVNT IN DIE VLTIONIS en 4 lignes dans une couronne de laurier (C. 43. — S. 41). Scudo. Arg. FDC.

377 Buste à dr. ℟. PORTÆ. INFERI. NON. PRÆVALEBVNT. La Basilique de St Pierre (C. 33. — S. 43). Scudo. Arg. Très beau.

378 Buste à dr. ℟. SANCTVS. MATTHÆUS. APOST. St Mathieu écrivant l'Evangile dicté par un ange; à l'exergue, armes de Mons. Raggi (C. 32. — S. 48) Scudo. Arg. Très beau.

379 Buste à dr. ℟. VENTI. ET MARE. OBEDIVNT. EI. Le Christ dans la barque, calmant la tempête; au bas, les armes de Mons. Corsini (C. 37. — S 55). Scudo. Arg. Très beau. *Pl. XII.*

380 Ecu. ℟. AVARVS NON IMPLEBITVR en 3 lignes dans un cartouche (C. 56. — S. 57). Mezzo scudo. Arg. TB.

381 INNOCEN. XI. PONT. M. A. VIII. Armes papales. ℟. MELIVS EST DARE QVAM ACCIPERE 1684 en 5 lignes dans un cartouche orné de 2 branches de laurier (C. 78. — S. 76). Teston. Arg. TB.

382 Armes. ℟. Même légende dans un cartouche (C. 79 et 87. — S. 80, 102 et 104) Testons. Arg. — Ens. 3 p. FDC.

383 Armes. ℟. Même légende daus un cartouche (C. 87, 88, 89 et 90. S. 113, 106, 117, 110 et 112). Testons. Arg. — Ens 6 p. FDC.

384 Mêmes types et légendes. Cartouches variés (C. 92, 93 et 90. — S. 120, 122 et 125). Testons. Arg. — Ens. 3 p. FDC.

385 Mêmes types et légendes. Cartouches variés (C. 94, 91. 96, 95 et 97. — S. 127, 129, 133, 135 et 139). Testons. Arg. — Ens. 5 p. FDC.

386 Mêmes types et légendes. Cartouches variés (C. 96, 99, 101, 103, 105. — S. 141, 146, 148, 151 et 157). Testons. Arg. — Ens. 5 p. FDC.

387 Variété. Ecu ovoïde à base coupée (C. 105. — S. manque). Teston. Arg. TB.

388 Mêmes types (C. 106 et 107 varié. — S. 163, 168 et 169). Testons. Arg. — Ens. 3 p. FDC.

389 Autre. La lég. du revers dans une couronne de laurier (C. 110. — S. 175). Teston. Arg. FDC.

390 Même lég. Ecu cerné de palmes. ℟. Même lég. dans un cartouche entre 2 rameaux (C. 108. — S. 176). Teston. Arg. FDC.

391 Même droit. ℟. Même lég. dans un cartouche heptagone orné de rubans (C. 108. — S. 178). Teston. Arg. FDC.

392 Mêmes types et légendes (C. 109 et 111 var. — S. 180 et 183). Testons. Arg. — Ens. 2 p. FDC.

393 QVOD HABEO TIBO DO. St Pierre relevant un infirme; au bas, l'écu de Mons. D'Aste (C. 69. — S. 195). Teston. Arg. TB.

394 SVB. TVVM. PRÆSIDIVM. La Vierge tenant l'Enfant, assise sur un trône; au bas, l'écu de Mons. Imperiali (C. 63. — S. 197). Teston. Arg. Très beau.

395 Jules (C. 131, 135, 143, 147, 148). Arg. — Ens. 5 p. FDC.

396 Gros (C. 157, 164, 172, 173, 174). Demi-gros (C. 189, 193, 199, 203, 209). Arg. — Quattrino (C. 245, 253, 262). Cuivre. — Ens. 13 p. B. et TB.

397 *Bologne*. .INNOCENTIVS. XI. PON. MAX. Son buste à dr.; au bas GCG. ℟. BONONIA. (fleuron). DOCET. Ecu écartelé de la ville; au bas 16-83 (C. 113. — S. 438). Teston. Arg. TB.

398 Lira. 1682 et 1687 (C. 115 et 121). Arg. — Quattrino. 1681 (C. 279). Cuivre. — Ens. 3 p. B.

Siège vacant

Le cardinal Paluzzi-Altieri, camerlingue. 1689

399 *Rome*. SEDE. VACANTE. MDCLXXXIX. Armes du cardinal Altieri sous le pavillon et les clefs. ℟. EMITTE. SPIRITVM. Le Saint-Esprit; au bas, armes de Mons. D'Aste entre RO-MA (C. 2. — S. 1). Scudo. Arg. Très beau.

Collection Regnault.

400 Teston (C. 3. — S. 7). Jules (C. 6). Gros (C. 7). Demi-gros (C. 10). Arg. — Ens. 4 p. TB.

Alexandre VIII

Pierre Ottoboni. 1680-1691

401 *Rome.* ALEXAN : VIII. PONT: M : A : I : Son buste à dr. signé HAMERANVS. ℞. RE. FRVMENTARIA. RESTITVTA. Deux bœufs à la charrue à dr. entre deux tiges de blé ; à l'exergue CIƆIƆCX et l'écu de Monsign. Patrizi (C. 3. — S. 2). Ecu d'or. FDC. *Pl. X.*

Collection Rossi.

402 ALEXANDER. VIII. P. M. A. I. Son écu sous la tiare et les deux clefs. ℞. SANCTI BRVNONIS Saint Bruno nimbé de 6 étoiles, à genoux sur des nuages ; près de lui, sa mitre et sa crosse ; au-dessous 16-89 et les armes de Monsign. D'Aste (C. 5. — S. 5). Double écu d'or. FDC. *Pl. X.*

403 .ALEXAN. VIII. PONT. MAX. Son écu cerné de palmes sous la tiare et les deux clefs. ℞. .VECTIGALIBVS. REMISSIS. Autel enguirlandé chargé de deux béliers ; à l'exergue MDCXC et l'écu de Monsign. Patrizi (C. 6. — S. 6). Double écu d'or. FDC. *Pl. X.*

404 ALEXANDER. VIII. P. M. A. I. Cartouche à ses armes sous la tiare et les deux clefs. ℞. SANCTVS. PETRVS. Saint Pierre debout à dr. ; à l'exergue 1689 et l'écu de Monsign. D'Aste (C. 7. — S. 7). Ecu d'or. FDC. *Pl. X.*

405 ALEXAN. VIII. PONT : M : A : I : Mêmes armes. ℞. .S. PETRVS. S. PAVLVS. Leurs bustes accolés à dr.; à l'exergue MDCXC et l'écu de Monsign. Patrizi (C. 9. — S. 8). Ecu d'or. TB. *Pl. X.*

Collection Regnault,

406 ALEXANDER. VIII. PONT. MAX. A. I. Son buste à dr. avec le bonnet. ℞. LEGIONE AD BELLVM SACRVM INSTRVCTA. L'Eglise debout à g., tenant un temple et une enseigne militaire ; à l'exergue, armes de Mons. Patrizi entre CIƆIƆ-CXC (C. 14. — S. 10). Scudo. Arg. FDC.

407 Même droit signé TRAVANVS. ℞. Saint Pierre et Saint Paul debout, éclairés par le Saint-Esprit ; à l'exergue, armes de Mons. D'Aste entre RO-MA (C. 10. — S. 14). Scudo. Arg. TB.

408 Buste à dr. ℞. St Magne et St Bruno debout (C. 25. — S. 16). — RE FRVMENTARIA RESTITVTA. Deux bœufs à la charrue (C. 24. — S. 20). Testons. Arg. — Ens. 2 p. TB.

409 Saint Bruno en extase (C. 21. — S. 26). — St Pierre et St Paul debout. (C. 23. — S. 30). Testons. Arg. — Ens. 2 p. TB.

410 Jules. 1689 et 1690 (C. 30 et 33). Gros. 1689 (C. 38). Demi-gros (C. 43). Arg. — Ens. 4 p. TB.

411 *Bologne.* ALEXANDER. VIII. PON. MAX. Son écu sous la tiare et les deux clefs. ℟. BONONIA. DOCET. Croix à triple nervure, anglée de quatre lis, entre les écus du cardinal Negroni et de la ville; dans le haut du champ 16-90; à l'exergue 40 (C. 16. — S. manque). Demi-écu ou 2 lire. Arg. FDC. *Pl IX.*

Siège vacant

Le cardinal Paluzzi-Altieri, camerlingue. 1691

412 SEDE. VACANTE MDCLXXXXI. Armes du cardinal sous le pavillon et les clefs. ℟. DOCEBIT. ET. SVGGERET. Le Saint-Esprit; à l'exergue, l'écu de Mons. Corsini, séparant RO-MA (C. 4. — S. 4). Teston. Arg. FDC.

Innocent XII

Antoine Pignatelli. 1691-1700

413 *Rome.* INNOCEN. XII. PONT. M. A. IIII. Son buste à dr. signé P P. BORNER. F. ℟. DAT OMNIBVS AFFLVENTER. La fontaine de Ste Marie en Trastevere; à l'exergue 1694 et les armes de Monsign. Farsetti (C. 1. — S. 1). Quadruple écu d'or. FDC.
Collection Regnault. *Pl. IX.*

414 .INNO. XII P. M. A. IX. Son écu cerné de palmes sous la tiare et les deux clefs. ℟. APERIET. DNS. THESAVRVM. SVVM. La Porte Sainte; à l'exergue 1699 (C. 6. — S. 3). Double écu d'or. FDC. *Pl. X.*

415 .INNOC. XII. PONT. MAX. Son écu cerné de lauriers sous la tiare et les deux clefs. ℟. SANCTVS. PAVLVS. Saint Paul debout; à l'exergue 1692 et l'écu de Monsign. Farsetti (C. 4. — S. 6). Double écu d'or. FDC. *Pl. X.*

416 .INNOC. XII. .PON. M. A. VII. Son écu sous la tiare et les deux clefs. ℟. DET DEVS DE CÆLO. Gerbe de 11 épis; à l'exergue .1697.(C. 13. — S. 11). Ecu d'or. TB. *Pl. XII.*

417 INNOC. XII. .PONT. M. A. II. Son écu cerné de chêne sous la tiare et les deux clefs. ℟. SAN. PETRVS. APO. Buste à dr.; à l'exergue 1692 (C. 9. — S. 16). Ecu d'or. FDC. *Pl. X.*

418 INNOC. XII. PO. M. A. III Cartouche à ses armes sous la tiare et les deux clefs. ℟. TRAHE ME POST TE. Un tournesol sous le soleil; dans le champ, à dr. 1694 (C. 10. — S. 17). Ecu d'or. FDC.
Collection Regnault. *Pl. XII.*

419 Buste à dr. ℟. ANNO. IVBILEI. MDCC. La Porte Sainte ouverte entre deux anges; à l'exergue, armes de Mons. Anguisciola et s. v. (C. 31. — S. 18). Scudo. Arg. FDC.

420 Buste à dr. ℞. COGITO COGITATIONES PACIS. La Religion assise à g. 1694 (C. 21. — S. 20). Scudo. Arg. TB.

421 Buste à dr. ℞. DEVS PACIS CONTERET SATANAM. Saint Michel terrassant Lucifer. 1692 (C. 16. — S. 22). Scudo. Arg. Très beau.

422 EGREDIATVR. POPVLVS. ET. COLLIGAT. Les Hébreux recueillant la manne ; à l'exergue MDCIC (C. 28. — S. 26). Scudo. Arg. TB.

423 GRATIA. VOBIS. ET. PAX. MVLTIPLICETVR. Saint Pierre prêchant la foule 16-98 (C. 27. — S. 28). Scudo. Arg. Très beau.

424 LOQVETVR. PACEM. GENTIBVS. Le Pape assis de face, présidant le Consistoire. 1696 (C. 24. — S. 30). Scudo. Arg. TB.

425 NOVIT IVSTVS CAVSAM PAVPERVM. La Charité assise à dr. entre 3 enfants. 1693 (C. 20. — S. 34). Scudo. Arg. B.

426 INNOCEN. XII. PONT. MAX. ANN. VI. Son buste à dr. avec le bonnet, signé S. V. ℞. PACEM. LOQUETUR. GENTIBUS. Le Pape assis à dr., présidant le Consistoire, signé FERD. DE. S. V. à g.; à l'exergue, les armes de Mons. Fartetti (C. 23. — S. 36). Scudo. Arg. Très beau.

427 INNOCEN. XII. PONT. M. A. II. Son buste à dr. avec le bonnet, signé HAMERANVS. ℞. SEDEBIT. IN. PVLCHRITVDINE. PACIS. La chaire de St Pierre portée par deux séraphins; au bas, les armes de Mons. Farsetti (C. 18. — S. 39). Scudo. Arg. TB.

428 INNOCEN. XII. PONT. M. A. VIII. Même buste signé HAMERANVS. F. ℞. VENTI. ET. MARE. OBEDIVNT. EI. Vue du port d'Anzio ; à l'exergue, les armes de Mons. D'Aste entre MD-CIC (C. 30. — S. 41) Scudo. Arg. Très beau.

429 Buste à dr. ℞. DELECTABITVR. IN. MVLTITVDINE. PACIS. La Religion assise sur des nues (C. 32. — S. 45). Mezzo scudo. Arg. TB.

430 FACTVS. EST. IN. PACE. LOCVS. EIVS. L'arche sur le mont Ararat (C. 48. — S. 47). Mezzo scudo. Arg. TB.

431 Armes. ℞. FIAT. PAX. IN. VIRTVTE. TVA. Le Pape agenouillé à g. 1697 (C. 45. — S. 54). Mezzo scudo. Arg. TB.

432 Armes. ℞. NON. SIBI. SED. ALIIS. Pélican et ses petits. 1692 (C. 34. — S. 58). Mezzo scudo. Arg. troué. — PARATE VIAM. DOMINI. 1699. St Jean Baptiste prêchant la foule (C. 50. — S. 68). Mezzo scudo. Arg. — Ens. 2 p. TB.

433 ANNO. PROPITIATIONIS. M. CC. La Porte Sainte (C. 70. — S. 74). Teston. Arg. — EGENO. ET. PAVPERI. 1694. L'Abondance vidant sa corne (C. 61. — S. 76). Teston. Arg. — Ens. 2 p. TB.

434 IPSE. EST. PAX. NOSTRA. 1698. Le Sauveur de face (C. 66. — S. 78). — NON SIT TECVM IN PERDITIONEM dans un cartouche (C. 59. — S. 82). — QVI MISERETVR BEATVS ERIT dans un cartouche (C. 58. — S. 87). Testons. Arg. — Ens. 3 p. TB.

435 ROGATE QVÆ AD PACEM SVNT. 1695. Le Pape assis à dr. entre deux cardinaux (C. 62. — S. 89). Teston. Arg. TB.

436 ROGATE. EA QVÆ. AD. PACEM SVNT 1696 dans un cartouche (C. 64. — S. 94). — TANQVAM LVTVM ÆSTIMABITVR dans un cartouche. (C. 54. — S. 98) — TEGIT ET PROTEGIT 1693. Aigle et aiglons (C. 60. — S. 100). Testons. Arg. — Ens. 3 p. TB.

437 Jules. 1694 (C. 82). 1695 (C. 84). 1696 (C. 89). 1700 (C. 97). Arg. — Ens. 4 p. TB.

438 Gros. 1691 (C. 99). 1695 (C. 110). 1699 (C. 123). Demi-gros (C. 134) 1692 (C. 135). Arg. — Ens. 5 p. TB.

439 *Gubbio.* Mezzo baiocco (C. 162). Quattrino (C. 184, 201 var., 217). Cuivre. *Bologne.* Muraiola (C. 153). Mezzo bolognino. 1697 (C. 182). Cuivre. — Ens. 6 p. B.

440 *Avignon.* INNOCEN XII. P. M. A. II. Son buste à dr.; au bas, l'écu du légat Delfini. ℟. Armes ovales sur les deux clefs; au bas, 1693 (C. 131. — S. 404. — PA. manque). Carlin. Arg. B.

Siège vacant

Le cardinal J.-B. Spinola, camerlingue. 1700

441 *Rome.* SEDE. VACANTE. MDCC. Armes du cardinal Spinola sous le pavillon et les clefs. ℟. NON. VOS. RELINQVAM. ORPHANOS. Le Saint-Esprit; au bas, les armes de Mons. Anguisciola entre ANNO-IVBIL (C. 2. — S. 5). Scudo. Arg. Très beau.

442 Teston. 1700 (C. 6. — S. 9). Jules. 1700 (C. 8. — S. 13). Arg. — Ens. 2 p. trouées. TB.

Clément XI

Jean-François Albani. 1700-1721

443 *Rome.* CLEMENS XI. PONT. M. A. I. Son buste à dr., signé S. V. ℟. CLAVSIT. ANNO IVBILEI. MDCC. La Porte Sainte (C. 4. — S. 3). Double écu d'or. FDC. *Pl. XII.*

Collection Regnault.

444 .CLEM. XI P. M. A. XII. Cartouche à ses armes sous la tiare et les deux clefs. ℟. FERRO NOCENTIVS AVRVM en 4 lignes sur un cartouche (C. 32. — S. 13). *Pl. XII.*

Collection Regnault.

445 CLEM. XI P. M. A. XX. Ses armes sous la tiare et les deux clefs. ℟. FIAT. PAX. Un olivier; à l'exergue, écu de Monsign. Sardini (C. 39. — S. 14). Ecu d'or. FDC. *Pl. XII.*

446 .CLEMENS. XI. PONT. M. A. XVIII. Cartouche très orné à ses armes sous la tiare et les deux clefs. ℟. SVPER. FVNDAMENT. APOSTOL. La Foi debout ; à l'exergue .H. (C. 38. — S. 24). Ecu d'or. FDC. *Pl. XII.*

447 CLEM. XI. P. M. A. XVII Son buste à droite, dessous .H. ℞. S. PETRVS. APOST. Buste de Saint-Pierre de trois-quarts à g., tenant une clef (C. 45. — S. 29). Demi-écu d'or. TB. *Pl. XII.*

448 CLEMENS. XI. PONT. MAX. A. II. Son buste à g. ℞. DILEXI. DECOREM. DOMVS. TVÆ. 1702. La Vierge à l'Enfant assise de face entre 2 anges. (C. 50. — S. 35). Scudo. Arg. TB.

449 Même droit, signé BORNER. F. ℞. DOMINVS ELEGIT TE HODIE. Saint-Clément assis sur les nues; au bas 1702 et P. P. B. (C. 49. — S. 37). Scudo. Arg. TB.

450 Buste à g. ℞. DONA. NOBIS. PACEM. St Clément agenouillé à g. devant l'Agnus Dei; derrière lui, la Paix debout (C. 60. — S. 39). Scudo. Arg. TB.

451 Armes sous la tiare et les clefs. ℞. FIAT PAX IN VIRTVTE TVA en 3 lignes sur un cartouche (C. 62. — S. 43). Scudo. Arg. TB.

452 CLEMENS. XI. PONT. M. A. III. Ses armes cernées de lauriers sous la tiare et les clefs. ℞. IN. HONOREM. S. THEODORI. M. Vue de l'église St Théodore; à l'exergue 1703 (C. 51. — S. 49). Scudo. Arg. Fleur de coin.

453 Armes. ℞. PROSPERVM. ITER. FACIET. Vue de Civita Castellana et du port; à l'exergue : PONS. CIVIT. CASTELLANÆ; armes de Mons. Altieri et E. H. (C. 64. — S. 52). Scudo. Arg. TB.

454 Armes. ℞. * VIDERVNT. OCVLI. MEI. SALVTARE. TVVM. 1704. La Présentation au temple. (C. 52. — S. 56). Scudo. Arg. TB.

455 Armes. ℞ Le Pape assis à dr. dans l'église de Ste Marie Majeure. (C. 56. — S. 58). Scudo. Arg. B.

456 Buste à dr. ℞. Sans lég. Armes du Pape sous la tiare et les clefs (C. 68. — S. 66). Scudo. Arg. TB.

457 Armes ovales. ℞. ÆRVGO. ANIMI CVRA. PECVLII MDCCXV dans un cartouche (C. 87. — S. 70). Mezzo scudo. Arg. troué. B.

458 Armes. ℞. CIVITAS. VRBINI. Vue de la ville d'Urbino (C. 94. — S. 72). Mezzo scudo. Arg. TB. *Pl. IX.*

459 Buste à g. avec le bonnet. ℞. .DILEXI. DECOREM DOMVS. TVÆ. Le Panthéon; au bas E-H et armes de Mons. Altieri (C. 86. — S. 74). Mezzo scudo. Arg. TB.

460 Écu ovale. ℞. FIAT PAX IN·VIRTVTE TVA dans un cartouche (C. 84. — S. 76). Mezzo scudo. Arg. TB.

461 Buste à dr. ℞. LÆTIFICAT. CIVITATEM. Vue des églises de St Roch et de St Jérôme des Esclavons; devant, le Tibre et l'Anio couchés; au bas, l'écu de Mons. Falconieri séparant ANNO — 1706 (C. 81. — S. 80). Mezzo scudo. Arg. TB.

462 S. CRESCENTINVS. MARTYR. VRBINI. PATRONVS. Le saint galopant à dr., perçant un dragon; au bas, 1702 (C. 89. — S. 82). Mezzo scudo. Arg. troué. B.

463 Le précédent; à l'exergue E. 1704. H (C. 92. — S. 86). Mezzo scudo. Arg. TB.

464 L'ange gardien montrant le ciel à un enfant (C. 83. — S. 88). Mezzo scudo. Arg. TB.

465 .A. DEO. ET... PRO. DEO. Femme portant un enfant debout entre deux enfants vidant des cornes d'abondance (C. 118 et 119. — S. 90 et 92). Testons. Arg. — Ens. 2 p. variées. TB.

466 Buste à g. ℟. DIGNIS. VICTORIAM. Groupe de 3 femmes devant les palais capitolins (C. 115. — S. 100). Teston. Arg. TB.

467 Écu ovale. ℟. FŒNERATVR. DOMINO. QVI. MISERETVR. PAVPERIS. 1704 en 5 lignes dans un cartouche (C. 103. — S. 102). Teston. Arg. TB.

468 Même lég. avec A. III. Ecu ovale. ℟. IMPERAT. AVT. SERVIT. Sacs de monnaie sur une table; au bas, 1702 (C. 102. — S. 106). Teston. Arg. TB.

469 MVLTOS. PERDIDIT ARGENTVM dans un cartouche (C. 124. — S. 110). — NE OBLIVISCARIS PAVPERVM dans un cartouche (C. 120. — S. 114). Testons. Arg. — Ens. 2 p. TB.

470 QVI MISERETVR PAVPERI BEATVS ERIT dans un cartouche (C. 107. — S. 120). Teston. Arg. TB. — RESTITVISTI MAGNIFICENTIAM. Vue du palais ducal d'Urbin (C. 114. — S. 128). Teston. Arg. — Ens. 2 p. TB.

471 .S. PETRVS. PRINC. APOST. St Pierre debout (C. 125. — S. 130). — St Joseph debout (C. 117. — S. 132). Testons. Arg. — Ens. 2 p. TB.

472 Jules. 1700 (C. 147). 1702 (C. 151). 1704 (C. 154). Arg. — Ens. 3 p. TB.

473 Jules. An V (C. 157 et 158). An VIII (C. 163). An IX (C. 171). An X (C. 175). Arg. — Ens. 5 p. B. et TB.

474 Jules. An XIV (C. 180 et 183). An XVII (C. 182 varié). An XVIII (C. 187). Arg. — Ens. 4 p. TB.

475 Gros (C. 190, 206, 208, 212, 214, 217, 223). Arg. — Ens. 7 p. TB.

476 Demi-gros (C. 237, 240, 246). Arg. *Gubbio.* Quattrino (C. 414, 424, 451). Cuivre. — Ens. 6 p. TB.

477 *Bologne.* CLEMENS. XI. PONT. MAX. Ses armes sous la tiare et les clefs, signé C. F. ℟. BONONIA. DOCET. Croix fleuronnée entre les armes du cardinal Casoni et de la ville ; dans le haut 17-12 ; au bas .80. (C. 79. — S. manque). Scudo de 8 Jules. Arg. TB. Très rare. *Pl. XI.*

478 La même pièce avec .40. à l'exergue du revers (C. 98. — S. 424). Mezzo scudo. Arg. TB. Rare. *Pl. XI.*

479 CLEMENS. XI. P. MAX. Armes papales entre les écus du cardinal D'Adda et de la ville. ℞. BONONIA. DOCET. 1702. Lion à g.; au bas 20 (C. 142 — S. 425). Lira. Arg. TB.

480 Lira. 1712 (C. 143). Arg. — Muraiola. 1710 et 1714 (C. 278, 291 var.). Bill. — Mezzo bolognino. 1714 (C. 402). Cuivre. — Ens. 4 p. B.

481 *Ferrare.* CLEMENS. XI. P. M. AN VIII. Son buste à g., signé B. COTEL. ℞. S. GEORGIVS FERRARIÆ PROTEC. St Georges galopant à dr., terrassant le dragon; à l'exergue les armes de Ferrare entre 17-08 (C. 71. — S. 533). Scudo. Arg. B. Rare.

482 .CLEMENS. XI.. PONT. OPT. MAX. Armes papales. ℞. .QVIS. PAVPER ? AVARVS. 1717 dans un cartouche cerné de palmes ; au bas, l'écu du cardinal Piazza, séparant FER-RAR (C. 137. — S. 536). Teston. Arg. TB.

483 CLEMENS. XI. P. M. AN. XI. Son buste à g. ℞. S. GEORGIVS. PROT : FERRARIÆ. St Georges; au bas, les armes du cardinal Ruffo séparant 17-10. (C. 129. — S. 545). Teston. Arg. TB. *Pl. IX.*

484 Muraiola de 8 baiocchi. 1717 (C. 271). Muraiola de 4 (C. 311 et 327). Bill. — Mezzo baiocco (C. 409). Cuivre. — Ens. 4 p. B. et TB.

Siège vacant

Le cardinal Annibal Albani, camerlingue. 1721

485 *Rome.* SEDE. VACANTE. Ecu d'Albani sous le pavillon et les deux clefs. ℞. VBI. ERANT. SEDENTES. Le Saint-Esprit; à l'exergue, MDCCXXI; au dessous, rosace entre 2 points. (C. 2. — S. 2). Ecu d'or. FDC. *Pl. XII.*

Collection Regnault.

486 NON. VOS. RELINQVAM. ORPHANOS. Le St Esprit; à l'exergue, l'écu de Mons. Molara (C. 5. — S. 3). Teston. Arg. troué. TB.

Innocent XIII

Michel-Ange Conti. 1721-1724

487 *Rome.* INNOC. XIII. P. M. A. III. Son buste à dr. ℞. MAGNARVM. ALARVM. Aigle couronné de face, regardant à g. (C. 2. — S. 1). Ecu d'or. FDC. *Pl. XII.*

488 .INNOCENT. .XIII. P. M. A. II Son écu sous la tiare et les deux clefs. ℞. SECTA. MINI CHARITA TEM en 4 lignes dans un cartouche (C. 1. — S. 3). Ecu d'or. TB. *Pl. XII.*

489 Armes. ℟. CVM. EXVLTATIONE. Deux moissonneurs (C. 10. — S. 6). Mezzo scudo. Arg. TB.

490 BEATVS QVI INTELLIGIT SVPER EGENVM dans une couronne de laurier (C. 28. — S. 15). — QVI ACERVAT ALIIS CONGREGAT dans un cartouche (C. 27. — S. 17). — SACROSAN BASILICÆ LATERAN POSSESS. 1721 (C. 26. — S. 19). Jules. Arg. — Ens. 3 p. TB.

491 Gros (C. 31). Demi-gros (C. 39 et 40). Arg. — Ens. 3 p. TB.

492 *Gubbio*. Mezzo baiocco. 1721 (C. 59 et 60). Quattrino (C. 75 et 83). Cuivre. — Ens. 4 p. B.

493 *Bologne*. INNOCENT. XIII. PONTE. MAX. Ses armes sous la tiare et les clefs, signé A. B. ℟. BONONIA. DOCET. Croix fleuronnée, avec 17-23 dans le haut, et accompagnée au bas des écus du cardinal Ruffo et de la ville (C. 8. — S. 72 var.). Scudo de 8 Jules. Arg. TB. *Pl. XI.*

494 Armes papales entre les écus du cardinal Ruffo et de la ville. ℟. BONONIA. DOCET. 1722. Lion à g. tenant la bannière; dessous 20 (C. 23. — S. 78). Lira. Arg. TB.

Siège vacant

Le cardinal Annibal Albani, camerlingue. 1724

495 *Rome*. SEDE. VAC (2 fleurons) ANTE. 1724. Ecu d'Albani posé sur une croix de Malte, timbré du pavillon et des deux clefs. ℟. .DA. RECTA. SAPERE. Le Saint Esprit (C. 1. — S. 1). Ecu d'or. FDC. Collection Rossi. *Pl. XII.*

496 ..SEDE.... VACANTE. Mêmes armes. ℟. NESCIT. TARDA. MOLIMINA. Le Saint-Esprit : à l'exergue, les armes de Mons. Bolognetti entre MDCC-XXIV (C. 2. — S. 2). Scudo. Arg. FDC. *Pl. XI.*

497 SEDE. VACANTE .MDCCXXIV. Même type. ℟. MENTES. TVORVM. VISITA. Le Saint-Esprit ; à l'exergue, les armes de Mons. Bolognetti (C. 4. — S. 4). Mezzo scudo. Arg. TB.

498 Teston (C. 5. — S. 6). Jules (C. 7. — S. 5). Arg. — Ens. 2 p. trouées. B.

Benoit XIII

Pierre-François Orsini. 1724-1730

499 *Rome*. BENED. XIII P. M. A. II. Cartouche à ses armes sous la tiare et les deux clefs. ℟. ANNO. IVBIL. MDCCXXV. Quatre pélerins devant la Porte Sainte ouverte (C. 4. — S. 2). Ecu d'or. FDC. *Pl. XII.*

500 BEN. XIII P. MAX. L'Eglise assise sur des nues, tenant les clefs et un temple. ℟. .ZECCHINO. ROMANO. Une rose ; à l'exergue .1729. (C. 5. — S. 4). *Pl. XII.*

501 Armes sous la tiare et les clefs. ℟. ANNO. IVBILÆI. MDCCXXV. La Porte Sainte ouverte et 5 pélerins; au bas, armes de Mons. Bolognetti (C. 6. — S. 6). Teston. Arg. TB.

502 CHARITATE MVLTIPLICABITVR 1728 dans un cartouche (C. 15. — S. 16). — SACROSAN BASILICÆ LATERAN : POSSESS : 1724 dans un cartouche (C. 11. — S. 20). Jules. Arg. — Ens. 2 p. TB.

503 Gros. 1724 et 1725 (C. 17 et 20). Demi-gros (C. 33 et 34). Arg. — Quattrino (C. 88). Cuivre. — Ens. 5 p.

504 *Bologne.* Muraiola de 2 baiocchi. 1728 (C. 43). Billon. *Gubbio.* Baiocco. 1726, 1727, 1728, 1729 (C. 45, 53, 57, 61). Mezzo baiocco (C. 65). Quattrino (C. 81, 95). Cuivre. — Ens. 8 p. B.

Siège vacant

Le cardinal Annibal Albani, camerlingue. 1730

505 *Rome.* SEDE .VACANTE. L'Eglise assise sur des nues. ℟. ZECCHINO ROMANO. Armes du cardinal Albani sous le pavillon et les clefs; au-dessus, le Saint Esprit; à l'exergue 1730 (C. 1. — S. 1). Sequin. Or. TB.

Collection Rossi. *Pl. XII.*

506 IN. IPSO. EDOCTI. ESTIS. Le St Esprit au dessus des armes de Mons. Bolognetti (C. 2. — S. 2). Teston. Arg. FDC.

507 LVMEN. SEMITIS. MEIS. Même type (C. 4. — S. 4.) Jules. Arg. *Bologne.* Muraiola (C. 5. — S. 7). Bill. — Ens. 2 p. TB.

Clément XII

Laurent Corsini. 1730-1740

508 *Rome.* CLEMENS. XII PONT. M. AN. II. L'Eglise assise sur des nues; à l'exergue, écu de Monsign. Casoni. ℟. .PIGNVS. .DEDIT. Ecu du pape sous la tiare et les deux clefs; au dessus, l'Esprit Saint (C. 1. — S. 1). Double sequin. Or. TB. *Pl. XII.*

509 CLEMENS XII P. M. 1738. L'Eglise assise sur des nues. ℟. Le précédent (C. 6. — S. 3). Sequin. Or. TB.

510 Le précédent, sans date (C. 3 varié. — S. 8). Sequin. Or. B.

511 CLEM : XII. P : M : A : VIII. Son buste à dr. avec le bonnet. ℟. DE. LVTO FÆCIS 1738 dans une couronne de laurier (C. 19. — S. 12). Ecu d'or. FDC.

512 CLEM. XII. P. M. A. VI. Même buste. ℟. LABOR ADDITVS 1735 en 3 lignes dans un cartouche (C. 16. — S. 18). Ecu d'or. Très beau.

513 CLEMENS. XII. P. M. A. V. Son écu sous la tiare et les deux clefs. ℟. LVMEN RECTIS 1734 en 3 lignes dans un cartouche (C. 13. — S. 22). Ecu d'or. FDC.

514 CLEM : XII P : M : 1739. L'Eglise assise sur des nues. ℞. PIGNVS DEDIT Armes papales surmontées du St Esprit (C. 25. — S. 25). Demi-sequin. Or. TB.

515 Buste à dr. avec le bonnet. ℞. FOEDVS. EST. INTER. ME. ET. TE. L'Abondance et la Justice assises de face ; à l'exergue, les armes de Mons. Casoni entre MDCC-XXXI (C. 28. — S. 28). Scudo. Arg. FDC. *Pl. XII.*

516 Buste à dr. ℞. DECVS PATRIÆ 1736. Façade de l'église de S. Giovanni de' Fiorentini (C. 31. — S. 30). Mezzo scudo. Arg. TB.

517 Ecu oblong sous la tiare et les clefs. ℞. FRVSTRA VIGILAT QVI CVSTODIT dans un cartouche, au bas, l'écu de Mons. Casoni entre 2 palmes (C. 30. — S. 35). Mezzo scudo. Arg. FDC.

518 Armes papales. ℞. DABIS DISCERNERE INTER. MALVM ET. BONVM entre 2 palmes (C. 74. — S. 41). Teston. Arg. TB.

519 Même droit. ℞. COMMODITAS. VIARVM. REDVX Femme assise à g., tenant une roue ; à l'exergue, l'écu de Mons. Casoni, séparant MDCC-XXXVI (C. 64. — S. 47). Teston. Arg. TB.

520 CLEMENS VII. P : M : AN : VII Buste à dr. avec le bonnet. ℞. Le précédent (C. 68. — S. 51). Teston. Arg. TB.

521 POPVLIS IMMVNI EMPORIO DONATIS dans un cartouche (C. 41. — S. 69). Teston. Arg. TB.

522 Buste à dr. ℞. PRÆSIDIVM ET. DECVS Ange présentant une mitre à St André Corsini (C. 56. — S. 75). Teston. Arg. TB.

523 Ecu oblong. ℞. QVÆRITE VT ABVNDETIS MDCCXXXIV dans un cartouche (C. 34 — S. 81). — VRBE NOBILITATA MDCCXXXV entre deux palmes (C. 50. — S. 92). — Buste et armes papales. 1735 (C. 45. — S. 104). Testons. Arg. — Ens. 3 p. TB.

524 Jules (C. 80, 85, 92, 93, 141). Gros (C. 158). Demi-gros (C. 208). Arg. — Ens. 7 p. TB.

525 Deux baiocchi (C. 222). Bill. — Mezzo baiocco 1738 (C. 262, 263). Quattrino. 1738 (C. 301). *Gubbio.* Baiocco. 1730 (C. 237). Mezzo baiocco (C. 274). Quattrino (308, 314, 331). Cuivre. — Ens. 9 p. TB.

Siège vacant

Le cardinal Annibal Albani, camerlingue. 1740

526 *Rome.* SEDE . VA : CAN 1740. L'Eglise assise sur des nues. ℞. NVTANTIA. CORDA. TV. DIRIGAS. Ecu du cardinal Albani sommé de la tiare et des deux clefs sous le Saint-Esprit (C. 3. — S. 6). Sequin. Or. TB.

527 SEDE. VACANTE 1740. Même type. ℟. VENI. SAN : SPIRITVS. Mêmes armes (C. 5. — S. 7). Demi-sequin Or. TB.

528 SEDE. VACANTE. MDCCXL. Armes du cardinal Albani sous le pavillon et les clefs. ℟. EMITTE. CŒLITVS. LVCIS. TVÆ RADIVM. Le Saint-Esprit (C. 7. — S. 12). Scudo. Arg. FDC.

Collection Rossi.

529 Gros (C. 13, 15). Arg. — Baiocco (C. 20). — Mezzo baiocco (C. 22, 23). Cuivre. — Ens. 5 p. TB.

Benoît XIV

Prosper Lambertini. 1740-1758

530 *Rome.* BENEDIC. XIV PONT. M. A. VIII. L'Eglise assise sur des nues; à l'exergue 1748. ℟. REPENTE DE CŒLO. Cartouche aux armes du pape (C. 3. — S. 1). Double sequin. Or. TB.

531 BENED. XIV P. M. 1743. Même figure de l'Eglise. ℟. Même revers varié. (C. 12. — S. 11). Sequin. Or. TB.

Collection Regnault.

532 BEN. XIV. P. M. A. XVII 1756 Même type de l'Eglise. ℟. Le précédent d'un autre coin (C. 27. — S. 31). Sequin. Or. TB.

533 BEN. XIV. P. M. A. XV 1755 Type de l'Eglise. ℟. Le précédent varié (C. 40 variété. — S. 52). Demi-sequin. Or. TB.

534 BEN XIV en 2 lignes sous la tiare et les deux clefs; au-dessus 1740. ℟. S: PETRVS. Buste du saint à dr. (C. 41. — S. 55). Quartino. Or. B.

535 La même pièce datée 1741 (C. 42. — S. 56). Quartino. Or. B.

536 Armes du pape sous la tiare et les deux clefs, entourées de la date MDCCLI. ℟. Le précédent (C. 44. — S. 61). Quartino. Or. TB.

537 Buste à dr. ℟. MDCC-LIII. L'Eglise assise assise sur des nues (C. 52. — S. 85). Scudo. Arg. FDC.

538 Variété avec MDCC-LIV au revers et l'écu de Monsign. D'Elci (C. 54. — S. 86). Scudo. Arg. B.

539 Mêmes types variés (C. 62 et 63. — S. 91 et 96). Mezzi scudi. Arg. — Ens. 2 p. B.

540 PRINCIPES VRBIS PATRONI. St Pierre et St Paul en regard (C. 66. — S. 99). Teston. Arg. TB.

541 Jules. 1754 (C. 69). Gros. 1748 (C. 222) Demi-gros (C. 258). Arg. — Ens. 3 p. B.

542 Muraiola de 2 baiocchi. 1748 (C. 300). Bill. — Baiocco (326, 332, 335). Mezzo baiocco (C. 436, 447, 449). Quattrino. 1752 (C. 594). Cuivre. — Ens. 8 p. B. et TB.

543 *Gubbio*. Baiocco. 1746 et 1750 (C. 352 et 366). Mezzo baiocco (C. 479, 628 var., 639 var.). Quattrino (641 var.). Cuivre. — Ens. 6 p. B. et TB.

544 *Ravenne*. Mezzo baiocco (C. 580, 584). Quattrino (C. 672, 678 var., 683, 701). Cuivre. — Ens. 6 p. TB.

545. *Bologne*. BENEDICT. XIV. P. M. BONON. A. XVII. Son buste à dr. avec le bonnet. ℟. VNVM OMNIVM VOTVM SALVS PRINCIPIS. S. P. Q. B. en 5 lignes dans le champ (C. 58. — S. 1106). Scudo. Arg. TB. *Pl. XI.*

546 Quattrino. 1754 (C. 613). *Ferrare*. Baiocco (C. 392). Mezzo baiocco. 1745 (C. 494). Quattrino. 1745 (C. 656). Cuivre. — Ens. 4 p. TB.

Siège vacant

Le cardinal Girolamo Colonna, camerlingue. 1758

547 *Rome*. SEDE. VACANTE 1758. L'Eglise assise sur des nues. ℟. VBI. UVLT SPIRAT. Ecu de Colonna sous le pavillon et les deux clefs (C. 1. — S. 1). Sequin. Or. Petit trou. TB.

548 SEDE VACANTE. MDCCLVIII. Armes du cardinal Colonna sous le pavillon et les clefs. ℟. VBI. UVLT. SPIRAT. Le Saint-Esprit; à l'exergue, armes de Mons. Elci entre SCV-DO (C. 2. — S. 3). Scudo. Arg. FDC.

549 La même pièce avec MEZ-SCV au revers (C. 3. — S. 7). Mezzo scudo. Arg. TB.

550 Double jules (C. 4. — S. 9). Gros (C. 5. — S. 13). Arg. — Ens. 2 p. TB.

Clément XIII

Charles Rezzonico. 1758-1769

551 *Rome*. CLEMENS. XIII PONT. M. AN. I. Cartouche à ses armes sous la tiare et les deux clefs. ℟. SVPRA. FIRMAM PETRAM L'Eglise assise sur des nues; à l'exergue, 1759 et l'écu de Monsign. Francesco Elci (C. 1. — S. 1). Double sequin. Or. TB.

552 CLEMENS. XIII PONT. M. AN. II. Son écu sous la tiare et les deux clefs. ℟. SVPRA. FIRMAM. PETRAM 1759. Type de l'Eglise (C. 6. — S. 8). Sequin. Or. TB.

553 CLEMENS. XIII. PONT. M. AN I. Même écu. ℟. Le précédent avec la date 1758 (C. 16. — S. 22). Demi-sequin. Or. TB.

554 Ses armes sous la tiare et les clefs. ℟. SVPRA. FIRMAM. PETRAM. 1759. L'Eglise assise de face sur les nues (C. 19. — S. 26). Scudo. Arg. TB.

555 La même pièce avec A. I. (C. 20. — S. 29). Mezzo scudo. Arg. TB.

556 Buste à g. ℟. SVPRA. FIRMAM. PETRAM. L'Eglise assise à dr. (C. 22. — S. 31). Mezzo scudo. Arg. B.

557 Armes papales. ℟. S. PETRVS. S. PAVLVS Temple entre les deux apôtres (C. 26. — S. 40). Teston. Arg. TB.

558 Doubles jules. 1758 (C. 27). 1760 (C. 32). 1766 (C. 37). Arg. — Ens. 3 p. B. et TB.

559 Jules. 1760 (C. 41). 1761 (C. 43). 1765 (C. 51). Arg. — Ens. 3 p. TB.

560 Gros. 1758 (C. 68). 1760 (C. 69). 1763 (C. 72). Demi-gros. 1761 (C. 84). Arg. — Ens. 4 p. TB.

561 Baiocco (C. 88). Mezzo baiocco. 1758 (C. 96). 1759 (C. 98). Quattrino. 1758 (C. 105). Cuivre. *Bologne*. Jules. 1764 (C. 60). Arg. — Ens. 5 p. B. et TB.

Siège vacant

Le cardinal Carlo Rezzonico, camerlingue. 1769

562 *Rome*. SEDE. VACANTE. Armes du cardinal Rezzonico sous le pavillon et les deux clefs ; au dessus, le Saint-Esprit. ℟. VENI. SANCTE. SPIRITVS 1769 L'Eglise assise de face sur des nues (C. 1. — S. 1). Sequin. Or. FDC.

563 Mêmes types variés. Double jules (C. 4. — S. 3) et jules (C. 5. — S. 5). Arg. — Ens. 2 p. TB.

564 *Bologne*. .SEDE. VACANTE. Ecus du cardinal Pallavicini et de la ville, sous le pavillon et les clefs ; à l'exergue 1769. ℟. .BONONIA. DOCET. Croix (C. 3. — S. 7). Mezzo scudo. Arg. B.

Clément XIV

Vincent Antoine Ganganelli. 1769-1774

565 *Rome*. CLEM. XIV PONT. M. A. I. Son écu sous sous la tiare et les deux clefs. ℟. FIAT. PAX. IN. VIRTVTE. TVA. 1769 L'Eglise assise sur des nues (C. 2. — S. 1). Sequin. Or. B.

566 Même lég. avec A. II. et mêmes armes. ℟. Le précédent, daté 1770 (C. 3. — S. 5). Sequin. Or. TB.

567 Même droit avec A. I. ℟. Même revers avec 1769 (C. 9. — S. 12). Demi-sequin. Or. FDC.

568 Mezzo scudo. 1773 (C. 14. — S. 16). —Teston. 1770 (C. 19. — S. 18). Arg. — Ens. 2 p.

569 Double jules. 1769 (C. 21, 22). Gros. 1769 (C. 30). 1771 (C. 33). *Bologne*. Bianco. 1773 (C. 29. — S. 59). Arg. — Ens. 5 p.

Siège vacant

Le cardinal Carlo Rezzonico, camerlingue. 1774-1775

570 *Rome.* SEDE. VACANTE • Armes du cardinal Rezzonico sous le pavillon et les deux clefs ; au dessus, le Saint-Esprit. ℟. VENI. LVMEN CORDIVM 1774 L'Eglise assise sur des nues (C. 1. — S. 1). Sequin. Or. TB.

571 VENI. LVMEN. CORDIVM. Le Saint-Esprit dans une gloire ; au bas MEZZO. SCV : (C. 4. — S. 3). Mezzo scudo. Arg. TB.

572 *Bologne.* SED. VAC. MDCCLXXV. Le pavillon et les clefs en sautoir au dessus des écus du cardinal Ant. Branciforte et de la ville. ℟. S. PETRON. PROT. BON. Le saint agenouillé à g. ; au bas. 80. (C. 3. — S. 10). Scudo de 8 jules. Arg. B. Rare.

Pie VI

Angelo Braschi. 1775-1799

573 *Rome.* FLORET. IN. DOMO. DOMINI Plant de lis ; à l'exergue 1787 ℟. APOSTOLOR PRINCEPS. St Pierre assis sur les nues ; à l'exergue, écu de Monsign. Lante (C. 36. — S. 28). Doppia. Or. TB.

574 La même pièce. 1787 (C. 105. — S. 61). Demi-doppia. Or. B.

575 PIVS. VI. PONT. M. A. II. Son écu sous la tiare et les deux clefs. ℟. AVXILIVM. DE SANCTO. 1776. L'Eglise assise sur des nues (C. 76. — S. 69). Sequin. Or. TB.

576 ℟. AUXILIUM DE SANCTO. 1780. L'Eglise assise de face sur des nues (C. 123. — S. 109). Scudo. Arg. TB.

577 Mezzo scudo. 1777 (C. 152). Teston. 1796 (C. 183), Double jules. 1777, 1779 et 1787 (C. 197 var., 200, 225). Gros. 1777 (C. 256). Arg. — Ens. 6 p. B. et TB.

578 60 baiocchi. 1795 (C. 281). Double carlin (C. 313, 317). Carlins. 1777 et 1794 (C. 334, 338). Baiocco. 1780 (C. 373). Bill. — Ens. 6 p. TB.

579 5 baiocchi. 1797 (C. 380). 2½ baiocchi. 1796 et 1797 (C. 435, 437). 2 baiocchi (C. 496, 507). Baiocco (C. 544, 545 var., 547, 554, 555). Mezzo baiocco (C. 593). Quattrino (C. 634, 638). Cuivre. — Ens. 13 p. TB.

580 *Civita Vecchia.* 5 baiocchi. 1797 (C. 388). 2½ baiocchi. 1797 (C. 447). *Tivoli.* 5 baiocchi. 1797 (C. 428). *Viterbe.* 5 baiocchi. 1797 (C. 430). 2½ baiocchi. 1796 et 1797 (C. 490, 492). Cuivre. — Ens. 6 p. B. et TB.

581 *Pérouse.* 6 baiocchi. 1797 (C. 341). 4 baiocchi. 1797 (C. 348). Bill. — 5 baiocchi. 1797 (C. 413). 2½ baiocchi. 1796 (C. 475). *Gubbio.* Baiocco (C. 583). *Spolète.* 5 baiocchi. 1797 (C. 426). Cuivre. *Terni.* 8 baiocchi. 1797 (C. 331). Bill. — Ens. 7 p. B. et TB.

582 *Ancône.* 2½ baiocchi. 1796 (C. 441). *Ascoli.* Mezzo baiocco (C. 599). *Fermo.* 5 baiocchi. 1797 (C. 396). 2½ baiocchi. 1796 (C. 453). Mezzo baiocco 1797 et 1798 (C. 611, 614). *Matelica.* 5 baiocchi. 1797 (C. 406). *Montalto.* 2½ baiocchi. 1797 (C. 465). *San Severino.* 2½ baiocchi. 1797 (C. 483). Mezzo baiocco (C. 630). Cuivre. — Ens. 10 p.

583 *Bologne.* PIVS. VI. PONT. MAX. AN XII. Cartouche à ses armes, sommé de la tiare et des deux clefs, signé, P. TAD. ℟. S. PETRON. BON. PROT. AN. 1787. L'évêque Saint Pétrone assis de face sur des nues; à ses pieds, les écus du cardinal Archetti et de la ville; à l'exergue ZECCH. 10. (C. 2. — S. 1039). Dix sequins. Or. FDC. *Pl. IX.*

584 PIVS. VI. PONT. M. Cartouche à ses armes, sous la tiare et les deux clefs. ℟. S. PETRON. BON. PROT. 1786. Saint Pétrone assis sur des nues; à l'exergue, les écus d'Archetti et de la ville, unis en pointe (C. 18. — S. 1043). Double sequin. Or. FDC.

585 PIVS. SEXTVS. PONT. MAX. AN. VIII Son buste à dr. ℟. ADVENTVS. OPTIMI. PRINCIPIS. Temple rond entre les armes du cardinal Boncompagni et de la ville; à l'exergue, BONONIA. 1782. (C. 39. — S. 1046). Sequin. Or.

586 PIVS. VI.. PONT. M. Cartouche à ses armes sous la tiare et les deux clefs; à l'exergue, 1778. ℟. BONONIÆ PROTECT. St Pétrone assis au dessus des écus du cardinal Boncompagni et de la ville (C. 82. — S. 1049). Sequin. Or. TB. *Pl. XII.*

587 PIVS. VI. PONT. MAX. A. XIII. Tige de lis; à l'exergue. 4. DOP. ℟. BONON. DOCET. Les écus juxtaposés du cardinal Archetti et de la ville de Bologne; à l'exergue *1787* (C. 4. — S. 1062). Quatre doppie. Or. Très belle. *Pl. IX.*

588 Même lég. et tige de lis; à l'exergue *1787* ℟. BONON. DOCET. Les écus précédents, d'une autre forme; à l'exergue G. P. (C. 16. — S. 1077). Deux doppie. Or. Très belle.

589 PIVS. VI. PONT. MAX. Plant de lis; à l'exergue *1786* ℟. Ecus juxtaposés de Monsign. Archetti et de la ville; au dessus, BON. DOCET. sur une banderolle; à l'exergue G. P. (C. 52. — S. 1085). Doppia. Or. TB.

590 PIVS. VI. PONT. MAXIM. Plant de lis ; à l'exergue .1786. ℟. BON. DOCET. Ecus juxtaposés du cardinal Archetti et de la ville ; à l'exergue. G. P. (C. 110. — S. 1119). Demi-doppia. Or. FDC.

591 Buste à dr. ℟. ADVENTVS. OPTIMI. PRINCIPIS. 1782. Temple rond (C. 135 var. — S. 1125). Scudo. Arg. TB.

592 S. PETRONVS. BON. PROT. Saint Pétrone debout de face (C. 127. — S. 1128). Scudo. Arg. TB.

593 Armes du pape entre celles du cardinal Archetti et de Bologne ; à l'exergue 1795. ℟. S. PETRONIVS. BONON. PROT. Le saint assis de face sur les nues (C. 133. — S. 1134). Scudo. Arg. TB.

594 Mezzo scudo. 1782 et 1785 (C. 172, 170). Double jules. 1778 (C. 238). Gros. 1778 (C. 278). Arg. — Muraiola de 7 baiocchi. 1796 (C. 360). 2 baiocchi. 1789 (C. 370). Bill. — Ens. 6 p. B. et TB.

595 2 baiocchi. 1796 (C. 524). Baiocco. 1780. 1784. 1796 (C. 561, 564, 568, 572). Mezzo baiocco. 1781. 1784. 1796 (C. 602, 606, 607). Quattrino. 1778. 1779. 1784. 1796 (C. 642, 647, 653, 656, 660). Cuivre. — Ens. 13 p. B. et TB.

République Cispadane

Modène, Reggio, Ferrare et Bologne. 1796-1797

596 COMMVNITAS. ET. SENATVS. BONON. Armes écartelées ; au bas MDCCXCVI. ℟. PRÆSIDIVM. ET. DECVS. Buste de la Vierge à l'Enfant. (C. 144. — S. 1). Scudo. Arg. TB.

597 POPVLVS. ET. SENATVS. BON. 1797. Armes de Bologne. ℟. PRÆSIDIVM. ET. DECVS. Même type varié (C. 140. — S. 42). Scudo de 10 pauls. Arg. TB.

598 Mêmes types avec P. 5. 1796 (C. 173. — S. 46). Mezzo scudo Arg. FDC.

République Romaine

Interrègne. 1798-1799

599 REPVBLICA ROMANA. La Liberté debout. ℟. SCVDO ROMANO en 2 lignes dans une guirlande de fleurs (C. 1. — S. 1). Scudo. Arg. TB.

600 Aigle éployé dans une couronne au-dessus d'un faisceau horizontal posé sur un autel orné d'un bonnet entre 2 poignards ; sur une banderolle : REP. ROMANA. ℟. GIORNO CHE VALE DI TANTI ANNI IL PIANTO. Dans le champ, en 4 lignes : LIBERTA ROMANA 27 PIOVOSO (C. 3. — S. 4). Scudo. Arg. FDC.

601 2 baiocchi (C. 27). Mezzo baiocco (C. 99). *Pérouse.* 2 baiocchi (C. 80). *Ancône.* 2 baiocchi (C. 38). *Fermo.* Mezzo baiocco (C. 102). *Macerata.* Mezzo baiocco (C. 107). Quattrino (C. 114). Cuivre. — Ens. 7 p. B. et TB.

Siège vacant

Occupation autrichienne. 1799

602 *Viterbe.* L'INCENDIO DI RONCIGLIONE ANNO 1799. Vue de la ville incendiée. ℟. FEDELTA RELIGIONE. Buste de la Vierge à g. (C. 4. — S. p. 358. 3). Madonnina de 3 baiocchi. Cuivre. TB.

Pie VII

Barnabé Chiaramonti. 1800-1823

603 *Rome.* PIVS. VII. PONT. M. A. XVI. Cartouche à ses armes sous la tiare et les deux clefs. ℟. APOSTOLORUM PRINCEPS. St Pierre assis sur les nues; à l'exergue, l'écu de Monsign. Lante (C. 9. — S. 20). Doppia. Or. TB.

604 PIVS. VII. P. M. A. XVIII. Mêmes armes. ℟. Le précédent varié; à l'exergue, l'écu de Monsign. Zambelli (C. 13. — S. 24). Doppia. Or. TB.

605 AVXILIVM DE SANCTO. 1802. L'Église assise de face sur des nues (C. 19. — S. 33). Scudo. Arg. TB.

606 Même droit avec A. II. ℟. Le précédent (C. 31. — S. 44). Mezzo scudo. Arg. B.

607 Baiocco. 1801. 1802. 1816 (C. 26, 47, 48). Mezzo baiocco. 1802. 1822 (C. 54, 58). Quattrino. 1802. 1816. 1821 (C. 61, 67, 68, 72). Cuivre. — Ens. 9 p. TB.

608 *Bologne.* ℟. AVXILIVM DE SANCTO. L'Église assise à dr. sur des nues (C. 25. — S. 123). Scudo. Arg. TB.

609 Variété avec A. XVIII et 1818 au revers (C. 27. — S. 126). Scudo. Arg. TB.

610 Mêmes types avec A. XVII et 1816 (C. 32. — S. 130). Mezzo scudo Arg. TB.

611 Double jules. 1816 (C. 35). Jules 1817 (C. 40). Gros. 1816 (C. 43). Arg. — Mezzo baiocco. 1816 (C. 56). Quattrino. 1816 (C. 69). Cuivre. — Ens. 5 p. TB.

Siège vacant

Le cardinal Barthélemy Pacca, camerlingue. 1823

612 *Rome.* SEDE VACANTE MDCCCXXIII. Écu du cardinal Pacca sous le pavillon et les clefs; en haut, le Saint-Esprit. ℟. AUXILIUM DE SANCTO 1823. L'Église assise de face sur des nues (C. 3. — S. 2). Scudo. Arg. TB.

613 *Bologne.* SEDE VACANTE MDCCCXXIII. Écu du cardinal Pacca sous le pavillon et les deux clefs; en haut, le Saint-Esprit. ℟. PRINCEPS APOSTOLORVM St Pierre assis sur les nues; à l'exergue **B** (C. 2. — S. 4). Doppia. Or. FDC.

614 AVXILIVM DE SANCTO. Type de la Religion; mais la tête est entourée de rayons (C. 4. — S. 6). Scudo. Arg. FDC.

615 Mezzo scudo (C. 5), troué. — Double jules (C. 6). Arg. — Ens. 2 p. TB.

Léon XII

Annibal della Genga. 1823-1829

616 *Rome.* LEO XII. P. M. ANNO III Cartouche à ses armes sous la tiare et les deux clefs; ℟. POPVLIS EXPIATIS. La Foi assise à g., sur la tranche, en creux : .DILEXI DECOREM DOMVS TVÆ. (C. 1. — S. 2). Leonina ou double sequin. Or. TB.

617 LEO. XII. PON. MAX. ANNO. V. Son buste à g.; à l'exergue, monogr. GC. ℟. SVPRA ✶ FIRMAN ✶ PETRAM. La Foi debout à g.; derrière elle, l'agneau sur un autel; à l'exergue. **R.** 1828. Même tranche (C. 2. — S. 4). Leonina ou double sequin. Or. FDC. *Pl. XII.*

618 Buste à g. ℟. AVXILIVM DE SANCTO. L'Église assise de face (C. 9. — S. 12). Scudo. Arg. FDC.

619 Mezzo baiocco. 1826 (C. 14). Quattrino. 1826. (C. 18). Cuivre. — Ens. 2 p. TB.

620 *Bologne.* Armes. ℟. PRINCEPS APOSTOLORVM. St Pierre assis sur des nues (C. 6. — S. 28). Doppia. Or. TB.

621 Buste à g. ℟. AVXILIUM DE SANCTO. 1825. L'Eglise radiée assise de face. Sur la tranche : IN TERRA. PAX (C. 8. — S. 30). Scudo. Arg. TB.

Siège vacant

Le cardinal Pierre-François Galleffi, camerlingue. 1829

622 *Rome.* SEDE VACANTE MDCCCXXIX. Ecu du cardinal Galleffi sous le pavillon et les deux clefs; en haut, le Saint-Esprit. ℟. PRINCEPS APOSTOLORVM. St Pierre assis sur des nues; à l'exergue **R** et le monogr. GC (C. 1. — S. 1). Doppia. Or. FDC. *Pl. XII.*

623 Même droit. ℟. AVXILIVM DE SANCTO. La Religion sur les nues; au bas **R** (C. 5. — S. 5). Mezzo scudo. Arg. FDC.

624 *Bologne.* Même droit. ℟. Le précédent (C. 4. — S. 9). Scudo. Arg. TB.

Pie VIII

François-Xavier Castiglioni. 1829-1830

625 *Rome.* PIVS. VIII. PONT. MAX. ANNO I. Son buste à dr., 1830. ℟. ISTI SVNT PATRES TVI VERIQVE PASTORES. Saint Pierre et saint Paul debout; à l'exergue ROMA (C. 1. — S. 1). Scudo. Arg. FDC.

626 Teston. 1830 (C. 3. — S. 3). Arg. — Baiocco. 1829 (C. 4). Mezzo baiocco. 1829 (C. 5). Quattrino (C. 7). Cuivre. — Ens. 4 p. TB. et FDC.

627 *Bologne.* La même pièce avec **B** à l'exergue du revers (C. 2. — S. 11). Scudo. Arg. FDC.

Siège vacant

Le cardinal Pierre-François Galleffi, camerlingue. 1830

628 *Rome.* SEDE. VACANTE. MDCCCXXX. Ecu du cardinal Galleffi sous le pavillon et les deux clefs ; à l'exergue N. ROMA. C. ℟. VENI. LVMEN. CORDIVM. Le Saint-Esprit dans sa gloire ; à l'exergue DOPPIA (C. 1. — S. 1). Doppia. Or. FDC. *Pl. XII.*

629 Teston (C 4. — S. 6). *Bologne.* Teston (C. 5. — S. 9). Arg. — Ens. 2 p. FDC.

630 VENI. LVMEN. CORDIVM. Le Saint-Esprit dans sa gloire ; à l'exergue **B** (C. 3. — S. 7). Scudo. Arg. FDC.

Grégoire XVI

Mauro Cappellari. 1831-1846

631 *Rome.* GREGORIVS. XVI. PON. MAX. AN. V. Son buste à g.; à l'exergue **R.** N. C. ℟. 10 SCVDI 1835 dans une couronne d'olivier. Tranche cannelée (C. 2. — S. 1). Dix écus d'or. TB.

632 GREGORIVS. XVI. PON. MAX. A. XI. Même buste. Au bas **R.** N. C. ℟. Le précédent avec 1841 (C. 14. — S 13). Dix écus d'or. TB.

633 LVMEN AD REVELATIONEM GENTIVM. La Présentation au temple ; à l'exergue ROMA (C. 65. — S. 47). Scudo. Arg. TB.

634 SCVDO. 1846 dans une couronne de laurier (C. 82. — S. 72). Scudo. Arg. TB.

635 Buste à dr. ℟. S. ROMVALDVS. AB. CAMAL. Le saint agenouillé à dr. (C. 85). 50 baiocchi. Arg. FDC.

636 Mezzo scudo. 1846 (C. 95). Teston. 1834 (C. 96). Double jules. 1834 (103). Arg. — Ens. 3 p. TB.

637 Baiocco. 1831. 1837. 1845 (C. 161, 167, 188). Mezzo baiocco. 1831. 1838 (C. 190, 200). Autre de 1844 contremarqué CERVARO (C. 213 var.). Quattrino 1831. 1839 (C. 217, 222). Cuivre. — Ens. 8 p. TB.

638 *Bologne.* GREGORIVS. XVI. PONT. MAX. AN. III. Même buste; à l'exergue CERBARA. B. 1834. ℟. TV. REM. TVERE. PVBLICAM. Statue de saint Pierre assis. A l'exergue DOPPIA (C. 44. — S. 210). Doppia. Or. Fleur de coin.

639 LVMEN AD REVELATIONEM GENTIVM. 1831. La Présentation au temple (C. 62. — S. 220). Scudo. Arg. TB.

640 10 baiocchi. 1841 (C. 129). 5 baiocchi. 1842 (C. 146). Arg. — Baiocco. 1839 (C. 173). Cuivre. — Ens. 3 p. TB.

Siège vacant

Le Cardinal Thomas Riario Sforza, camerlingue. 1846

641 *Rome.* SEDE. VACANTE. MDCCCXXXXVI. Armes du cardinal Sforza sous le pavillon et les clefs; dessous, R. NIC. C. ℟. NON RELINQVAM VOS ORPHANOS. Le Saint-Esprit; à l'exergue SCUDO (C. 2. — S. 3) Scudo. Arg. FDC.

République Romaine

1848-1849

642 *Rome.* 40, 16, 8, 4 baiocchi (S. 1, 4, 6, 8). Billon. — 3 baiocchi (S. 13 et 15). Baiocco et mezzo baiocco (S. 17, 20). Cuivre. — Ens. 8 p. TB.

Pie IX

Jean-Marie Mastaï-Ferretti. 1846-1878

643 *Rome.* PIVS. IX. PON. MAX. AN. IX. Même buste. ℟. SCVDI 2.50 1854 en 3 lignes dans une couronne de laurier; à l'exergue R. (S. 17) Deux écus et demi. Or. FDC.

644 PIVS. IX. PON. MAX. AN. XVI. Même buste. ℟. Le précédent, daté 1861 (S. 43). Deux écus et demi. Or. FDC.

645 PIVS. IX. PON. MAX. AN. VIII. Même buste signé B. T. ℟. I SCVDO. 1853 dans une couronne de laurier; à l'exergue R. (S. 48). Ecu d'or. FDC.

646 PIVS. IX. PONT. MAX. AN. XVI. Même buste, signé C. V. ℟. Le précédent, daté 1862 (S. 65). Ecu d'or. FDC.

647 SCVDO 1848 en 2 lignes (S. 77). Scudo. Arg. TB.

648 Même pièce avec AN. VII sans signature et au revers SCVDO. 1853 (S. 84). Scudo. Arg. FDC.

649 La même pièce avec AN VIII (S. 86). Scudo. Arg. FDC.

650 La même avec ANNO IX et 1854 (S. 88). Scudo. Arg. TB.

651 50 baiocchi. 1853 (S. 94). 20 baiocchi. 1848. 1849. 1850. 1859. 1865. — 10 baiocchi. 1850. — 5 baiocchi. 1847. 1865. Arg. — Ens. 9 p. TB et FDC.

652 5 baiocchi. 1849. 1852. 1854. — 2 baiocchi. 1852. — Baiocco. 1846. 1850. 1851. — Mezzo baiocco. 1848. 1849. Cuivre. — Ens. 9 p. TB. et FDC.

653 *Bologne*. Buste à g. ℟. 5 SCVDI 1846 (C. 2. — S. 304). Cinq écus d'or. TB.

654 2 baiocchi. 1849. — Baiocco. 1847. — Mezzo baiocco. 1847. *Gaëte*. 2 baiocchi. 1848 (pièce de fantaisie). Cuivre. — Ens. 4 p. TB.

Nouveau système monétaire. 1866

655 *Rome*. PIVS IX PONT. MAX. A. XXI. Son buste à g. signé C. VOIGT. ℟. STATO PONTIFICIO. Dans une couronne mi-partie de laurier et de chêne : 100 LIRE 1866; à l'exergue **R**. Tranche cannelée (S. 391). Cent lire. Or. FDC.

656 20 LIRE de 1867; à l'exergue **R** (S. 410). Vingt lire. Or. FDC.

657 Mêmes types avec 10 LIRE 1867 (S. 428). Dix lire. Or. FDC.

658 STATO PONTIFICIO. Dans une couronne de laurier et de chêne: 5 LIRE 1867 en 3 lignes; au bas **R** (S. 434). 5 lire. Arg. TB.

659 2 1/2 lire. 1867. — 2 lire. 1866. — Lira. 1866. — 10 soldi. 1866. — 5 soldi. 1866. Arg. — Ens. 5 p. TB. et FDC.

660 4 soldi. 1866. — 2 soldi. 1867. — Soldo. 1867. — 1/2 soldo. 1867. — Centesimo. 1866. Cuivre. — Ens. 5 p. TB.

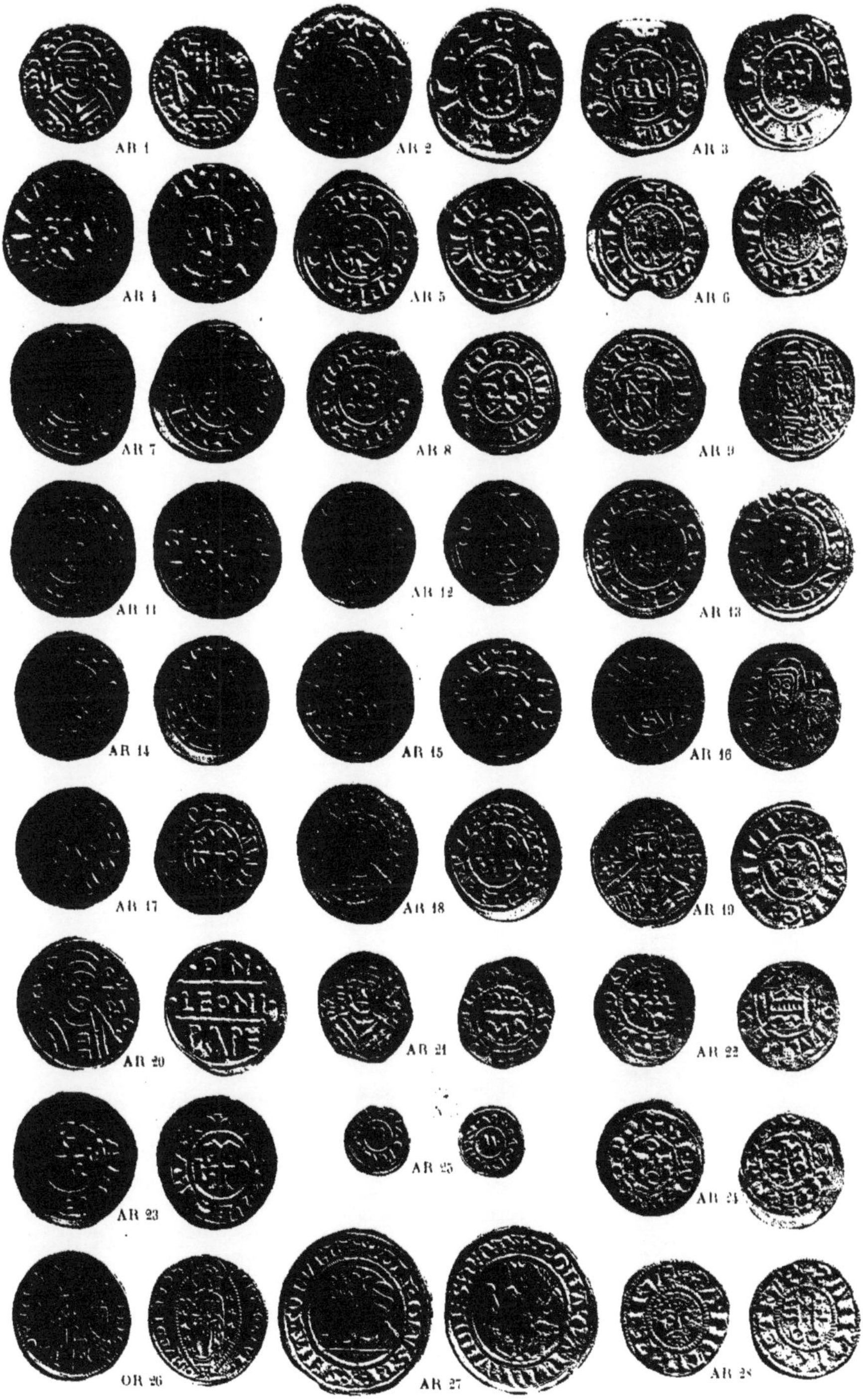

AR 1 — AR 2 — AR 3

AR 4 — AR 5 — AR 6

AR 7 — AR 8 — AR 9

AR 11 — AR 12 — AR 13

AR 14 — AR 15 — AR 16

AR 17 — AR 18 — AR 19

AR 20 — AR 21 — AR 22

AR 23 — AR 25 — AR 24

OR 26 — AR 27 — AR 28

Étienne BOURGEY, expert, 7, rue Drouot, Paris.

Établiss. EDIA, Paris Versailles.

Planche II

AR 30
AR 32
AR 31
AR 35
AR 36
OR 39
AR 44
OR 48
AR 49
AR 51
AR 50
OR 53
OR 55
OR 54
AR 56
AR 57
OR 61
AR 58
AR 60
AR 59
AR 64
AR 68
OR 67
AR 71

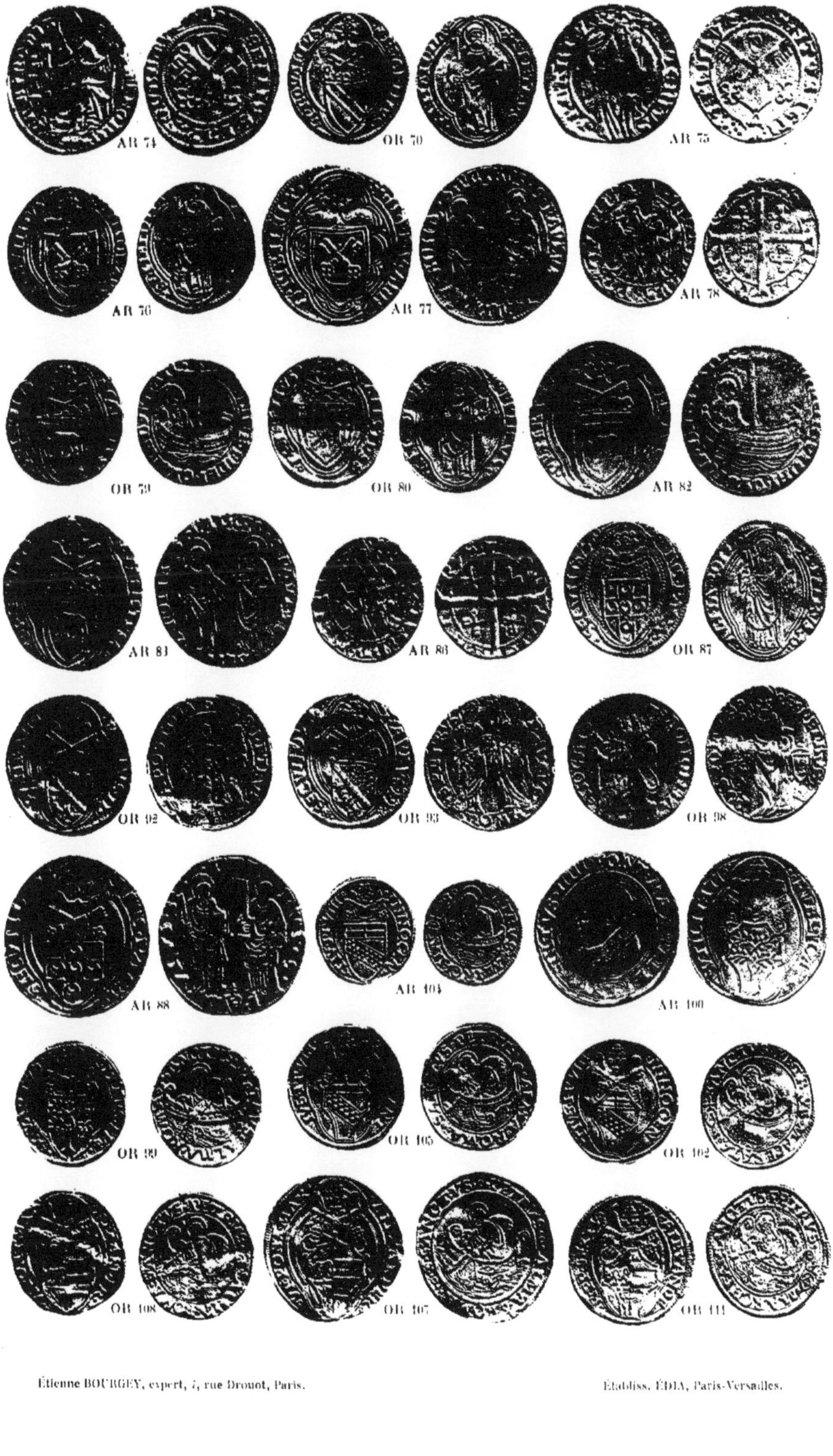

AR 74 — OR 70 — AR 75

AR 76 — AR 77 — AR 78

OR 79 — OR 80 — AR 82

AR 83 — AR 86 — OR 87

OR 92 — OR 93 — OR 98

AR 88 — AR 104 — AR 100

OR 99 — OR 105 — OR 102

OR 108 — OR 107 — OR 111

Étienne BOURGEY, expert, 7, rue Drouot, Paris.

Établiss. ÉDIA, Paris-Versailles.

OR 114 — OR 115 — OR 116

OR 119 — OR 123 — OR 124

OR 127 — OR 128 — OR 129

OR 133 — OR 134 — OR 135

OR 117 — OR 120 — AR 109 — OR 121 — OR 122

OR 130 — OR 131 — AR 142 — OR 132 — AR 150

Étienne BOURGEY, expert, 7, rue Drouot, Paris.

Établiss. ÉDIA, Paris-Versailles.

AR 147 — OR 148 — OR 149

OR 151 — OR 154 — OR 157

OR 164 — OR 165 — OR 171

OR 173 — OR 174 — OR 183

AR 152 — OR 153 — AR 155 — AR 158 — AR 160

OR 163 — OR 170 — OR 172 — OR 179 — OR 180

Étienne BOURGEY, expert, 7, rue Drouot, Paris.

Établiss. ÉDIA, Paris-Versailles.

Planche VI

OR 181 — AR 185 — AR 166 — OR 175 — OR 192

AR 194 — OR 196 — OR 184 — OR 202 — AR 197

OR 210 — AR 203 — AR 206 — AR 234 — OR 236

OR 231 — OR 212 — OR 211

Étienne BOURGEY, expert, 7, rue Drouot, Paris. Établiss. ÉDIA, Paris-Versailles.

Planche VII

OR 224 — OR 225 — OR 241 — OR 226 — OR 243

OR 242 — OR 252 — AR 267 — AR 251 — OR 273

AR 244 — AR 245 — OR 266 — OR 272

OR 253 — OR 274 — OR 275

Étienne BOURGEY, expert, 7, rue Drouot, Paris.

Établiss. ÉDIA, Paris-Versailles.

Planche VIII

AR 249 — AR 263 — OR 271 — AR 269 — OR 294

OR 304 — AR 284 — AR 290 — AR 299 — AR 287

AR 301 — OR 319 — OR 320 — AR 321 — OR 305

AR 322 — OR 337

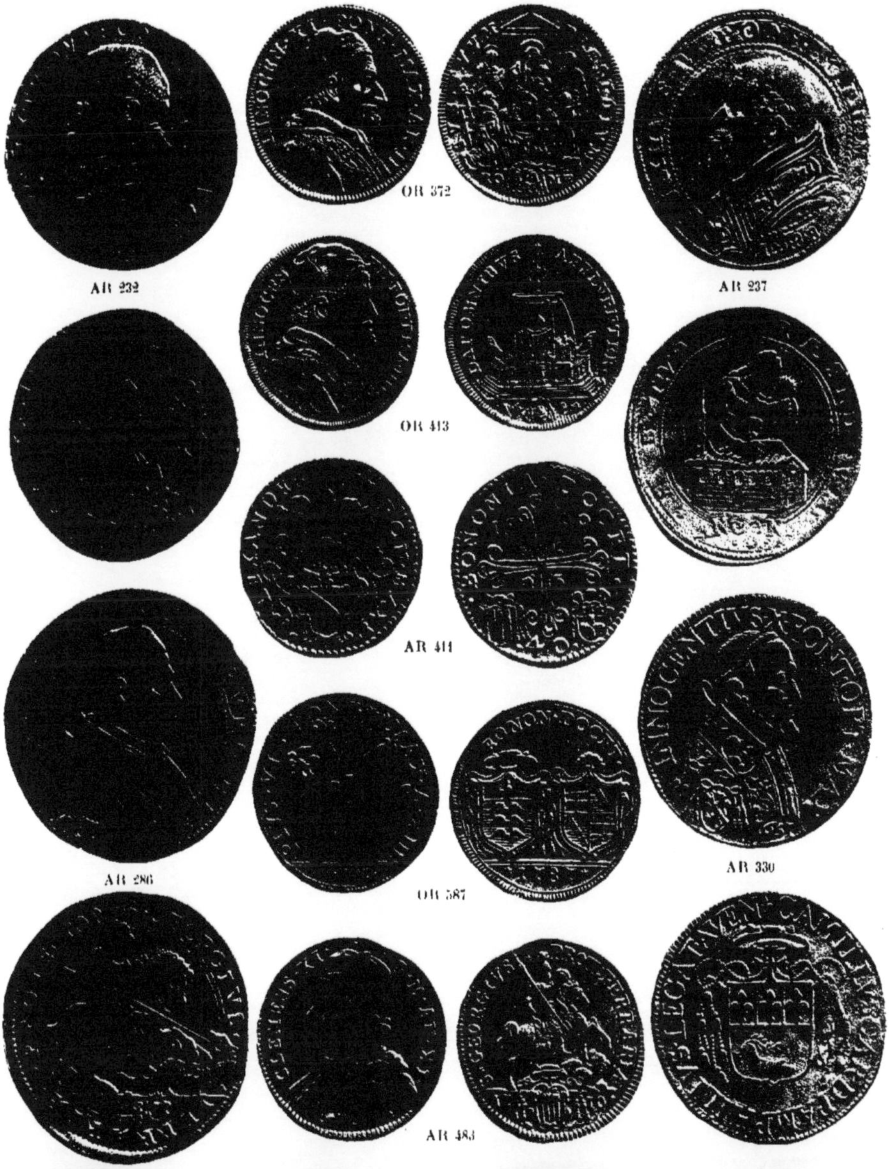

OR 372

AR 232

AR 237

OR 413

AR 411

AR 286

OR 587

AR 330

AR 483

AR 458

OR 583

OR 306
AR 289
OR 307
OR 293
OR 324
OR 303
OR 327
OR 338
OR 344
AR 342
OR 348
OR 339
AR 343
OR 404
OR 405
OR 417
OR 415
OR 414
OR 401
OR 351
OR 373
OR 403
OR 402

AR 296 AR 317 AR 325

AR 477 AR 493 AR 496

AR 545 AR 478

OR 418 — AR 379 — OR 443
OR 416 — OR 444
OR 446 — OR 445
OR 447 — OR 485
OR 488 — OR 487 — OR 495
OR 499 — OR 500
OR 505 — AR 515 — OR 508
OR 586 — OR 617
OR 622 — OR 628

Étienne BOURGEY, expert, 7, rue Drouot, Paris.

Établiss. ÉDIA, Paris-Versailles.

www.ingramcontent.com/pod-product-compliance
Ingram Content Group UK Ltd.
Pitfield, Milton Keynes, MK11 3LW, UK
UKHW031929260826
14628UKWH00004B/1509

9 782329 314716